ACCESO GRATIS ***a la Lectura en la Nube***

Para visualizar el libro electrónico en la nube de lectura envíe junto a su nombre y apellidos una fotografía del código de barras situado en la contraportada del libro y otra del ticket de compra a la dirección:

ebooktirant@tirant.com

En un máximo de 72 horas laborales le enviaremos el código de acceso con sus instrucciones.

FACTORES DETERMINANTES DE LA INTENCIÓN DE COMPRA EN LÍNEA DEL INTERNAUTA MEXICANO.

Procedimiento de selección de originales, ver página web:
www.tirant.net/index.php/editorial/procedimiento-de-seleccion-de-originales

FACTORES DETERMINANTES DE LA INTENCIÓN DE COMPRA EN LÍNEA DEL INTERNAUTA MEXICANO

Ana María del Rosario Alvarado Oregón
Oscar Bernardo Reyes Real
Martha Karina Amezcua Luján
Ana de Dios Martinez

tirant lo blanch
Ciudad de México, 2023

Esta obra se publicó con recursos del programa PROSNI de la Universidad de Guadalajara en la convocatoria 2023.

UNIVERSIDAD DE GUADALAJARA

Centro Universitario del Sur

© EDITA: TIRANT LO BLANCH
DISTRIBUYE: TIRANT LO BLANCH MÉXICO
Río Tiber 66, Piso 4
Colonia Cuauhtémoc
Alcaldía Cuauhtémoc
CP 06500 Ciudad de México
Telf: +52 1 55 65502317
infomex@tirant.com
www.tirant.com/mex/
www.tirant.es
ISBN: 978-84-1056-138-0
MAQUETACIÓN: Disset Consultors

ÍNDICE

CAPÍTULO III.

CAPÍTULO IV.

Prólogo

El libro que tienen en sus manos refleja la dedicación y la pasión de los autores por un tema de estudio tan relevante, interesante y de vanguardia que representa el comercio electrónico.

Para quienes hemos dedicado nuestra vida profesional e intereses de análisis en los sistemas contractuales, encontramos en el comercio electrónico un tópico revolucionario, tanto en su exponencial crecimiento como en su evolución, manifestándose en un cambio significativo en los hábitos de consumo de las personas como en las políticas y estructuras económicas de los países y esta coincidencia de interés la encuentro en este libro.

El comercio electrónico en México no ha sido la excepción en la rápida adaptación que el mercado mundial ha transitado al comercio en línea, no solo por el desarrollo tecnológico sino impulsado por la propia necesidad de los actores que intervienen. Para nadie es desconocido que la emergencia sanitaria mundial, provocada por el COVID-19, catapultó el comercio electrónico, acelerando su consolidación y volviéndose más una oportunidad que una opción. Ante este escenario, las empresas mexicanas, tuvieron que afrontar los retos del rezago digital y adaptarse de manera rápida a las exigencias de la realidad ante el impacto de la globalización.

No obstante, como nos lo explican con detalle los autores, el crecimiento del comercio electrónico nos presenta desafíos y retos significativos, y en países como México, en el que las brechas digitales y de género, la deficiente ciberseguridad, la excesiva fiscalización, la falta de seguridad de la información, entre otros obstáculos, se requiere una estrecha cooperación entre los sectores público y privado para evolucionar a un ecosistema digital inclusivo y competitivo que promueva la innovación y la calidad de los servicios para un verdadero aprovechamiento de este medio y una mejor integración comercial en beneficio de toda la sociedad. En este sentido, este libro nos presenta una propuesta teórica con una base metodológica sólida para identificar oportunidades y obstáculos del comercio electrónico en el país y contar con información confiable para la toma de decisiones.

Como podemos percibir, tanto del entorno global, como en las reflexiones del presente libro, el comercio electrónico tiene la capacidad de ampliar el acceso de las pequeñas empresas a otros mercados y cadenas de valor, mejorando su productividad y su resiliencia; no obstante, este potencial debe dirigirse desde una visión de desarrollo sostenible y ético, más justa y más equitativa.

Finalmente, como se concluye por los autores y, coincido en sus ideas, el comercio electrónico es un claro reflejo de la transformación digital que vivimos en México y en el mundo, por lo que debemos adoptar una perspectiva abierta pero reflexiva y crítica que asegure una transición con un compromiso de sostenibilidad. Esta obra que tienen en sus manos es pues, una pieza indispensable para su análisis y constituye una importante contribución teórica sobre el comercio electrónico en el entendido que, este, es pieza fundamental para la transformación de la economía mundial.

DRA. ARIANNA SÁNCHEZ ESPINOSA
Profesora e investigadora, Facultad de Derecho y
Directora General de Posgrado
Universidad de Colima

Introducción

La expansión de Internet durante los años 90 provocó el desarrollo del comercio electrónico y lo puso en la atención de los líderes políticos a nivel global.

Se han formulado numerosas proyecciones acerca de las ventajas que el comercio electrónico podría brindar a las compañías y entidades, especialmente en relación con los consumidores. Los expertos anticiparon que el comercio electrónico aumentaría la disponibilidad de información y posibilitaría su incorporación en las operaciones fundamentales de las empresas. Además, sugirieron que el suministro de información hacia los clientes se convertiría en un factor crucial para la competitividad (Organización para la Cooperación y el Desarrollo Económicos [OCDE], 2020).

También se hizo referencia al potencial que poseía el internet para reducir los costos asociados con la coordinación entre compradores y vendedores en las transacciones entre empresas (OCDE, 2020).

Si bien la mayoría de estas proyecciones se han cumplido, han emergido nuevas perspectivas para explorar el potencial del comercio electrónico. Sin embargo, es esencial obtener una comprensión más profunda de esta modalidad de comercio en todas sus facetas.

La relevancia del comercio electrónico y el papel desempeñado por los compradores, junto con la presencia de diversos elementos que afectan las adquisiciones en línea, se investiga en distintos escenarios a nivel global. No obstante, hay escasos estudios en el mercado de México.

La importancia del comercio electrónico y el lugar que ocupan los consumidores, así como la existencia de un conjunto de factores que influyen en la compra en línea, es objeto de investigación en diferentes contextos internacionales. Sin embargo, pocos son los estudios en el mercado mexicano.

Aunque existen múltiples interrogantes, resulta crucial abordar las siguientes preguntas: ¿Desde qué perspectiva teórica debe examinarse el comercio electrónico en México?, ¿Cuáles son las teorías más pertinentes para investigar los factores que influyen en la compra en línea y especialmente en la intención de compra del internauta mexicano?

Responder estas interrogantes precisa del análisis de las tendencias del comercio electrónico desde la perspectiva del internauta, cuya participación continúa en aumento, aunque con sus particularidades. Adicionalmente, existe evidencia de que los internautas responden a diferentes variables, mismas que deben ser rigurosamente analizadas para que resulten en adecuados procesos de toma de decisiones.

Derivado de la globalización y el acelarado avance tecnológico hasta la interdependencia comercial de las naciones, que demandan productos asequibles a través de canales de distribución innovadores, ha resultado en un aumento constante del comercio electrónico mundial. Lo anterior se explica con los numerosos beneficios que ofrece, como (Asociación de internet [AI-MX], 2018):

- Mayor diversidad de mercancías y servicios
- Precios más bajos para los consumidores
- Impulso a la innovación comercial
- Fomento del emprendurismo y la aparición de nuevos competidores

En concordancia a lo anterior, Roy (2017) afirma que los servicios de telecomunicaciones, en particular de internet, proporcionan la infraestructura básica y la capacidad de prestar digitalmente numerosos servicios. En consecuencia, el internet se ha consolidado como una pieza esencial para el funcionamiento del comercio electrónico, tanto para la venta al por menor como para el comercio al por mayor.

Un evento que ha marcado significativamente el auge del comercio electrónico es el aumento considerable en el número de usuarios de internet. Datos presentados por Woodward (2023) certifican positivamente el panorama del ecosistema digital y el auge del comercio electrónico a nivel mundial:

- A lo largo del 2020, las ventas del comercio electrónico aumentaron aproximadamente 44%.
- En algunos países, el crecimiento del comercio electrónico alcanzó cifras de dos dígitos durante el 2020.
- Así mismo, en el 2021 el 27% de la población mundial (2,140 millones de usuarios) compraron productos o servicios en línea.
- A nivel mundial, durante el 2021 se realizaron compras en línea por $3.56 billones de dólares solo desde dispositivos móviles.
- El tamaño del mercado global de comercio electrónico en el 2021 fue de $4.9 billones de dólares.
- Se prevé que las ventas minoristas de comercio electrónico alcancen los $6.15 billones de dólares a nivel mundial en 2023.
- Se estima que existen más de 26 millones de sitios y tiendas de comercio electrónico a nivel global.

Si bien las ventas en línea son el elemento central del comercio electrónico, el objetivo principal de las empresas es conectarse con los clientes mediante plataformas accesibles en dispositivos móviles, en particular en smartphones.

Ahora bien, debido a la significativa demanda del mercado, las marcas optaron por atraer a una audiencia más extensa. Esto condujo a la ampliación de su gama de smartphones hacia opciones más asequibles en las categorías de gama baja y media. Como resultado, el mobile commerce (a través de dispositivos móviles) ha experimentado un aumento más prominente en su crecimiento.

En lo que atañe a México, el comercio electrónico ha sido bien recibido por los mexicanos, durante el 2015 su valor del mercado (16 mil millones de dólares) lo posicionó detrás de Brasil entre los países de la región (Endeavor México, 2018). En ese mismo año existían 68 millones de internautas, que constituían el 57% de la población (IAB México, 2016). En el año 2021, el mercado de comercio electrónico penetró a 64 millones de usuarios aproximadamente (Statista, 2022). Al año siguiente, la Asociación Mexicana de Venta Online determinó que 65 millones de personas realizaron compras por internet durante el 2022 (Asociación Mexicana de Venta Online [AMVO], 2023). Lo anterior ha sido posible gracias al desarrollo de distintas estrategias implementadas por el gobierno mexicano, como el buen fin, las cuales motivan a los compradores a convertirse en consumidores recurrentes (Deloitte, 2016).

Por lo tanto, dado el enorme crecimiento del comercio electrónico en México, se genera la necesidad de comprender qué impulsa a los consumidores mexicanos a comprar en línea, lo que permite afirmar en términos de Grönroos (1994) que, si una compañía comprende mejor el comportamiento de compra de sus consumidores, puede desarrollar relaciones a largo plazo con ellos.

Existen diversas respuestas a estas preguntas que emergen en las investigaciones sobre este tema. Algunas se vinculan al análisis de los perfiles de los compradores, otras, en cambio, se enfocan en investigar los patrones que impulsan las compras a través del comercio electrónico. Por último, hay estudios orientados a identificar los factores que influyen en la intención de compra en línea, que es el enfoque principal de esta investigación.

Respecto a las indagaciones asociadas a los perfiles de los consumidores en el comercio electrónico y lo que les impulsa a hacerlo, Rohm y Swaminathan (2004) aseguran que existe una escasez de investigaciones que examinen las particularidades de los compradores en línea y afirman que una tipología específica permitiría identificar los distintos segmentos de consumidores, lo que a su vez posibilita a los minoristas adaptar, de manera efectiva, sus ofertas para estos tipos de clientes.

En los trabajos de Herrero et al. (2006), Jiménez y Martín (2007), Tavera y Londoño (2014), Miranda et al. (2015) y Villa et al. (2015) se analiza la intención de compra en línea y la necesidad de identificar patrones que motivan al consumo por esa vía.

Un salto superior en el abordaje de la temática y a propósito de esta investigación, es el que aparece en los estudios realizados por Herrero y Rodríguez (2008), Rodríguez y Herrero (2008), Zubirán y López (2009), Calvo et al. (2013), Padrón et al. (2014), Peña (2014), Dachyar y Banjarnahor (2017), así como Escobar y Bonsón (2014) sobre el análisis de los factores que determinan la intención de compra en línea.

La estrecha relación entre el comercio electrónico y el estilo de vida de los consumidores, quienes permanecen conectados constantemente a través de una variedad de dispositivos electrónicos para buscar información, comparar y realizar compras, requiere un análisis y estudio minucioso. Esto no solo resulta esencial para comprender la recepción que la población en línea tiene respecto al uso de internet, sino también para que las empresas se encuentren mejor preparadas para cumplir las expectativas de sus clientes actuales y futuros.

A pesar de la necesidad manifestada, no existe un enfoque común en el abordaje de los factores determinantes de la intención de compra en línea de los consumidores mexicanos. Al respecto, tanto Zubirán y López (2009) como Ventre y Kolbe (2020) señalan que son escasas las investigaciones vinculadas al análisis del comercio electrónico en México centradas en comprender los factores que impulsan la intención de compra en línea. Aunque diversos estudios demuestran la existencia de factores que podrían considerarse como desalentadores para la adopción del comercio electrónico, otros pueden actuar como incentivos. En la medida que los usuarios perciban que comprar en línea es sencillo, útil, confiable, conveniente, que ofrece precios atractivos y diversidad de opciones, entre otros beneficios, motivará su intención de realizar compras en el futuro.

Existen diversas teorías que sustentan los modelos de los factores que influyen en la intención de compra, como el modelo de aceptación de la tecnología (TAM), desarrolladas en los trabajos de Herrero et al. (2006), Miranda et al. (2015), Peña (2014), Rodríguez y Herrero (2008), Tavera y Londoño (2014), Villa et al (2015) y Zubirán y López (2009) y la teoría del comportamiento planificado (TPB) utilizada por Dachyar y Banjarnahor (2017) las cuales se consideran las bases teóricas más importantes sobre el tema.

Estas teorías se consideran como los fundamentos teórico-metodológicos más significativos en relación con el tema y se reconocen como tal en la presente investigación. Sin embargo, no existe un consenso acerca de cuál de ellas ofrece una interpretación más precisa del comportamiento de los internautas.

Por lo que en búsqueda de ampliar la frontera del conocimiento, surge la siguiente interrogante como problema de esta investigación: ¿Cuáles son los factores que determinan la intención de compra en línea que permiten desarrollar un modelo teórico en condiciones de comercio electrónico en México? De la identificación del problema, se deriva el objetivo general de investigación: Desarrollar un modelo teórico apoyado en los factores determinantes de la intención de compra en línea del internauta mexicano.

El propósito de este estudio es examinar y describir los conceptos asociados con la intención de compra mediante el uso de sistemas de redes informáticas. Para lo cual se tomarán como base las concepciones proporcionadas por el TAM, TPB y otras teorías relacionadas, con el objetivo de identificar los factores que impulsan a los internautas a efectuar compras o adquirir servicios en línea. De esa forma, la integración de diversos constructos teóricos para formar un modelo de los factores que determinan la intención de compra en línea resulta en la formulación de proposiciones generales que podrían aplicarse en diferentes escenarios.

La implementación del modelo propuesto posibilitará a los investigadores verificar la existencia de relaciones causales entre los constructos propuestos, mediante su comprobación a través de la validación, para la cual se requiere emplear tanto el análisis factorial exploratorio (EFA) como el análisis factorial confirmatorio (CFA).

En lo práctico, este estudio cobra relevancia, ya que, a través del modelo planteado y la evaluación de sus conclusiones, se obtendrá información que pueda contribuir la comprensión de los patrones de compra de los consumidores, así como a la clasificación de compradores y segmentos de mercado en línea. Estas situaciones son reconocidas como desafíos actuales en el campo.

Finalmente, este estudio ofrecerá datos de gran valor tanto desde una perspectiva teórica como práctica a aquellos vinculados al comercio electrónico en México. Permitirá comprender cómo ciertos elementos pueden impulsar el comercio electrónico, así como identificar posibles áreas de mejora que estos actores pueden abordar para resolver desafíos actuales y futuros.

Debido a la relevancia que el comercio electrónico tiene en México y con el propósito identificar los factores determinantes en la intención de compra en línea del internauta mexicano, es esencial abordar las siguientes preguntas:

1. ¿Cuáles son las dimensiones en que pueden agruparse los factores de intención de compra en línea que permitan derivar los constructos del modelo teórico?
2. ¿Cuáles son los factores determinantes de la intención de compra en línea derivado del modelo de aceptación de la tecnología y la teoría del comportamiento planificado y su relacion con los constructos?
3. ¿Cuáles son las tendencias con respecto a la intención de compra en línea del internauta mexicano derivado de los factores más influyentes?

Como se expuso previamente, el objetivo principal de esta investigación consiste en: Desarrollar un modelo teóricamente apoyado sobre los factores determinantes de la intención de compra en línea del internauta mexicano.

Objetivos específicos

4. Sistematizar los fundamentos teóricos sobre los factores que influyen en la intención de compra en línea, utilizando las teorías del modelo de aceptación de la tecnología y la teoría del comportamiento planificado, entre otras.
5. Elaborar un modelo teórico sobre los factores determinantes de la intención de compra en línea del internauta mexicano que permita:
6. Dilucidar en qué medida la intención de compra en línea se ve motivada por los factores que se deducen del análisis de las teorías del modelo de aceptación de la tecnología y la teoría del comportamiento planificado.
7. Identificar los factores que más influyen en intención de compra en línea del internauta mexicano.
8. Derivar conclusiones relacionadas con la construcción del modelo teórico de comercio electrónico y proponer recomendaciones para futuras investigaciones para la validación del modelo a través del análisis exploratorio y confirmatorio.

Descripción de los capítulos

Para el cumplimiento de los objetivos de esta investigación, el estudio se divide en cuatro capítulos.

Capítulo I. Comercio electrónico: análisis desde la perspectiva del consumidor. Se dedica a la definición del comercio electrónico y su clasificación. Se establece un contexto específico para el escenario en México y se proporcionan datos acerca de su posición a nivel internacional. Se explora a detalle la perspectiva del consumidor, centrándose especialmente en la intención de compra como variable del comportamiento.

Capítulo II. Aspectos fiscales del comercio electrónico en México. Se aborda la relación entre la transformación digital y la regulación fiscal del comercio electrónico en México. Destaca la importancia de adoptar tecnologías digitales según la recomendación de la OCDE para impulsar el crecimiento económico, aunque señala que la participación de los consumidores mexicanos en el comercio electrónico es aún inferior al promedio de otros países. Se mencionan desafíos fiscales, especialmente en impuestos indirectos como el IVA, y se detallan disposiciones fiscales para plataformas digitales en la Ley del Impuesto Sobre la Renta. También se analiza la retención de impuestos en diferentes actividades comerciales. En conclusión, se resalta la complejidad de la regulación fiscal en el comercio electrónico en México, los desafíos persistentes como la brecha en la participación de consumidores y las dificultades en la tributación de vendedores extranjeros.

Capítulo III. Factores que influyen en la intención de compra en línea. Examinan los factores que contribuyen a la intención de compra basados en las teorías de las ciencias psicológicas empleadas para explicar el comportamiento de los individuos. Estas teorías abarcan la Teoría de la Acción Razonada (TRA), el Modelo de Aceptación de la Tecnología (TAM), la Teoría del Comportamiento Planificado (TPB), la Teoría de la Difusión de Innovaciones (IDT) y la Teoría Unificada de Aceptación y Uso de la Tecnología (UATAUT).

El capítulo culmina con la formulación del modelo teórico de la intención de compra en línea, derivado de la síntesis de los factores analizados y las correspondientes hipótesis acerca de las relaciones entre dichos factores, considerados como constructos del modelo teórico, y la variable del comportamiento del consumidor: la intención de compra en línea.

Capítulo IV. Técnicas para construir y validar el modelo teórico de la intención de compra en línea. Detalla las metodologías de análisis factorial exploratorio (AFE) y análisis factorial confirmatorio (AFC) con sus correspondientes adecuaciones para construir y validar el modelo teórico propuesto.

Se presenta un modelo cuantificable de la intención de compra en línea, con variables que se evalúan mediante encuestas. Se presenta el conjunto de preguntas que se administrarán a los internautas con el fin de confirmar la validez del modelo propuesto. Las conclusiones principales se derivan a partir de los resultados obtenidos.

Capítulo I.

COMERCIO ELECTRÓNICO: ANÁLISIS DESDE LA PERSPECTIVA DEL CONSUMIDOR

EL COMERCIO ELECTRÓNICO

En el ámbito literario, múltiples escritores y grupos intentan definir el comercio electrónico. Aunque presentan enfoques diversos, convergen en ciertos aspectos. Las definiciones con mayor afinidad a este estudio se mencionan a continuación.

En septiembre de 1998, la Organización Mundial del Comercio emitió el Programa de Trabajo sobre el Comercio Electrónico, en el cual se define al comercio electrónico como la acción de producir, distribuir, mercadear, vender o entregar bienes y servicios mediante medios electrónicos (Organización Mundial de Comercio [OMC], 1998). Este enfoque cubre desde la generación de productos hasta la logística involucrada en su transporte desde su punto de origen hasta la entrega al consumidor final, además de la utilización de herramientas electrónicas para su adquisición. Esta definición se caracteriza por su amplitud, ya que engloba tanto la producción como la comercialización de bienes y servicios.

Sin embargo, existe un conjunto de definiciones con una amplia diversidad y riqueza, las cuales aportan elementos significativos que describen esta actividad económica. A medida que la adopción del comercio electrónico crece, estas definiciones han facilitado la clasificación de esta actividad en diferentes categorías relacionadas con las transacciones comerciales.

La Organización para la Cooperación y el Desarrollo Económicos (OCDE) precisa el que el comercio electrónico abarca la compra o venta de bienes y servicios que se efectúa mediante redes informáticas, utilizando mecanismos especialmente diseñados para este fin. Además, aclara que no es imprescindible que tanto el pago como la entrega deba efectuarse por esta vía (OCDE & BID, 2016).

Del mismo modo, tras un detenido análisis de los elementos, atributos y participantes involucrados en el comercio electrónico, Gariboldi (1999) al igual que Fernández y Medina (2002) indican que es cualquier operación comercial llevada a cabo por individuos, compañías o agentes electrónicos mediante medios de comunicación digitales, en un mercado virtual de que no está limitado por fronteras geográficas ni restricciones temporales. Estos autores destacan que las transacciones ocurren en un contexto virtual, contrario a las compras tradicionales.

Además, varios autores profundizan en el análisis, poniendo énfasis en la dinámica comercial que se establece en este tipo de transacciones, así como en los métodos de pago. Reginfo (2020) al igual que Guerrero y Rivas (2005) coinciden en que el comercio electrónico abarca cualquier actividad empresarial que utiliza las tecnologías de internet para modificar las relaciones comerciales y aprovechar las oportunidades del mercado. Por su parte, Laudon (2009) agrega que engloba todas las transacciones de naturaleza digital entre organizaciones e individuos, mientras que Fernández et al. (2015) especifican que los pagos se efectúan de manera electrónica.

Una síntesis conceptual proporcionada Cisneros (2016) afirma que el comercio electrónico es la actividad económica que involucra la oferta de bienes o servicios, tanto para su compra como para su venta, utilizando plataformas digitales como internet. Sin embargo, en la actualidad, se reconoce que estas transacciones hacen uso de distintos tipos o sistemas de redes informáticas. Adicionalmente, las ventas en línea pueden realizarse a través de tiendas virtuales, formularios en sitios web o aplicaciones, sin importar el medio de acceso a internet (ya sea por medio de computadoras, laptops, dispositivos móviles, etc.) (OCDE, 2020).

En resumen, las definiciones expuestas son apropiadas y se enriquecen mutuamente. Además, se van ajustando a medida que progresa la tecnología, su aplicación, la economía digital y los enfoques empresariales adoptados por las compañías que participan en este tipo de actividad comercial.

Finalmente, más allá de la definición conceptual, es importante destacar que el comercio electrónico proporciona numerosos beneficios que contribuyen de manera considerable al establecimiento de relaciones de mercado más sólidas y perdurables. No obstante, también conlleva ciertas desventajas vinculadas a aspectos como la seguridad y la disposición, así como el nivel de conocimiento y la utilización adecuada.

Además, deben sumarse a consideraciones adicionales, como la incertidumbre experimentada por los consumidores debido a la falta de confianza en la ejecución de las adquisiciones, la insuficiencia de información oportuna y la falta de destrezas en la utilización de la tecnología, entre otros factores. Asimismo, el comercio electrónico implica la utilización tanto de tecnologías informáticas como de telecomunicaciones con el propósito de respaldar las transacciones de bienes y servicios (Malca, 2001). Esto establece el fundamento para las distintas categorías de relaciones comerciales propuestas por diversos autores.

CLASIFICACIÓN DEL COMERCIO ELECTRÓNICO

Según los participantes involucrados en el comercio electrónico, este se categoriza en varias modalidades, tal como se presenta en la tabla 1.

Tabla 1. Clasificación del comercio electrónico

Transacción	Acrónimo	Descripción
Negocio a Negocio (Business to Business)	B2B	Comercio tanto de bienes como servicios entre empresas
Negocio a Consumidor (Business to Consumer)	B2C	Intercambio entre empresas y consumidor final. Incluye las transacciones al menudeo de compradores individuales.
Consumidor a Consumidor (Consumer to Consumer)	C2C	Compraventa entre consumidores donde unos actúan como vendedores y otros como compradores.
Administración a Negocio (Administration to Business)	A2B	Presetación de servicios por la administración a empresas, ofrece información o actividades de abastecimiento entre negocio y gobierno.
Administración a Ciudadano (Administración to Citizen)	A2C	La administración ofrece sus productos o servicios al consumidor final.
Comercio móvil (Mobile commerce)	m-commerce	A través de dispositivos móviles como tabletas o teléfonos inteligentes.
Comercio social (Social commerce)	s-commerce	Comercio electrónico a través de las redes sociales

Nota. Adaptado de Bojorquez y Valdez (2017), Fernández (2016), Guerrero y Rivas (2005) y Pérez (2020).

EL COMERCIO ELECTRÓNICO EN MÉXICO

Con el propósito de destacar el aumento del comercio electrónico en México y su posición en relación las economías globales, es apropiado presentar un análisis de su situación actual.

El Instituto Nacional de Estadística y Geografía (INEGI) estableció el valor añadido bruto del comercio electrónico, y sus cálculos se exponen en la figura 1. Conforme a sus evaluaciones, se observa un leve decremento en el año

2020; sin embargo, este período coincide con el inicio de la crisis sanitaria derivada del COVID-19. Además, de acuerdo con las proyecciones del INEGI, se pronosticó una recuperación para el año 2021.

Figura 1. Valor *agregado bruto del comercio electrónico en México*

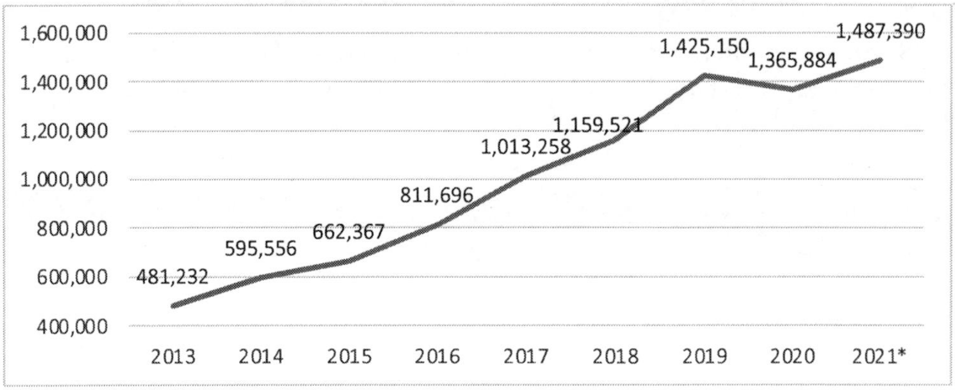

Nota. Elaborada a partir de datos de INEGI (2023). Valores corrientes en millones de pesos a precios corrientes.
* Cifras preliminares

Adicionalmente, según se observa en la figura 2, la evolución del valor de mercado del comercio electrónico en México exhibe una clara tendencia ascendente en el lapso comprendido entre 2017 y 2027. Durante este período, se evidencia un marcado aumento, pasando de $8.81 a $33.66 miles de millones de dólares del 2017 al 2022. Pese a la ligera disminución entre 2021 y 2022, las proyecciones sugieren una recuperación para 2023, seguida por un crecimiento sostenido en los años subsiguientes.

El significativo aumento del comercio electrónico en el mercado de México es consecuencia del progreso en la economía digital, que ha experimentado notables avances tecnológicos en los últimos años, aunado a las significativas transformaciones en los patrones de consumo de los usuarios.

Figura 2. Valor del mercado del comercio electrónico en México

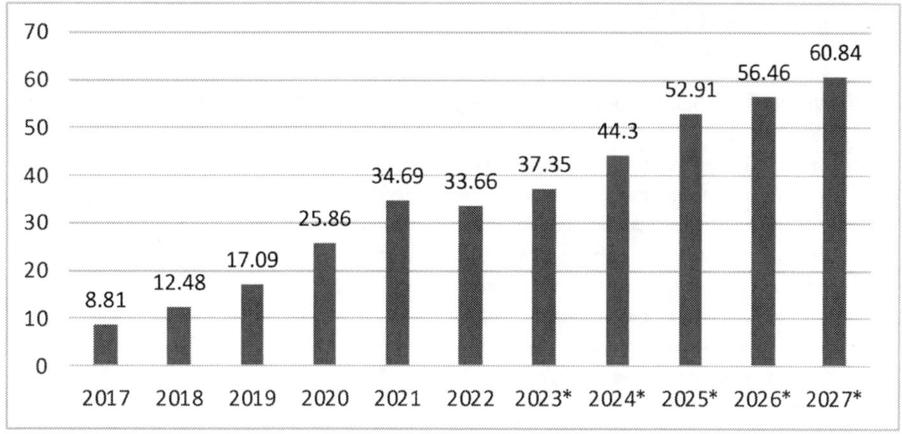

Nota. Elaborada a partir de datos de Statista (2023). Valor de mercado en miles de millones de dólares. *Estimaciones

También, durante el año 2023 se estableció que el 64.5% de los internautas en México efectúan compras en línea de manera semanal. Este nivel de frecuencia posicionó al país en el cuarto puesto global, después de Tailandia, Corea del Sur y Turquía (consulte la figura 3). Esta evidente aceptación del comercio electrónico en el mercado mexicano refleja que la conducta del consumidor se modifica cuando percibe que esta práctica le aporta valor (Reyes et al., 2022).

Figura 3. *Procentaje de usuarios que compran semanalmente por internet al 2023*

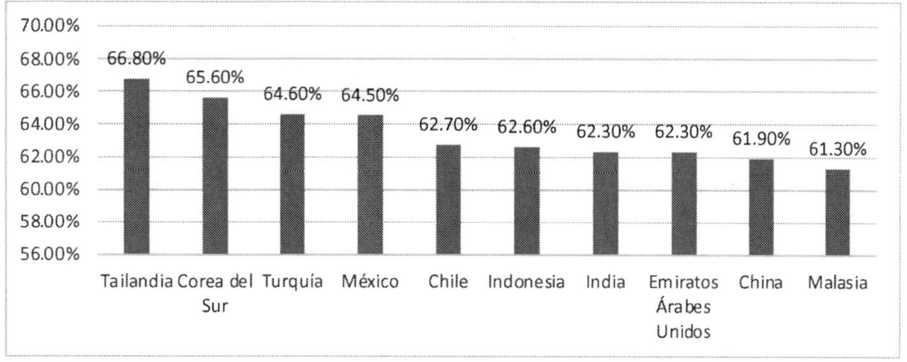

Nota. Elaborada a partir de datos de We are social (2023). El rango de edad de los usuarios es de 16 a los 64 años.

Adicionalmente, se observó que la industria mundial de ventas retail en línea ha experimentado un lento crecimiento, como consecuencia de las dificultades que enfrentó en 2022 mercado europeo. No obstante, México se ha mantenido entre los primeros 5 países con las tasas de crecimiento más altas como se observa en la figura 4.

Figura 4. Crecimiento del comercio electrónico retail a nivel mundial 2022

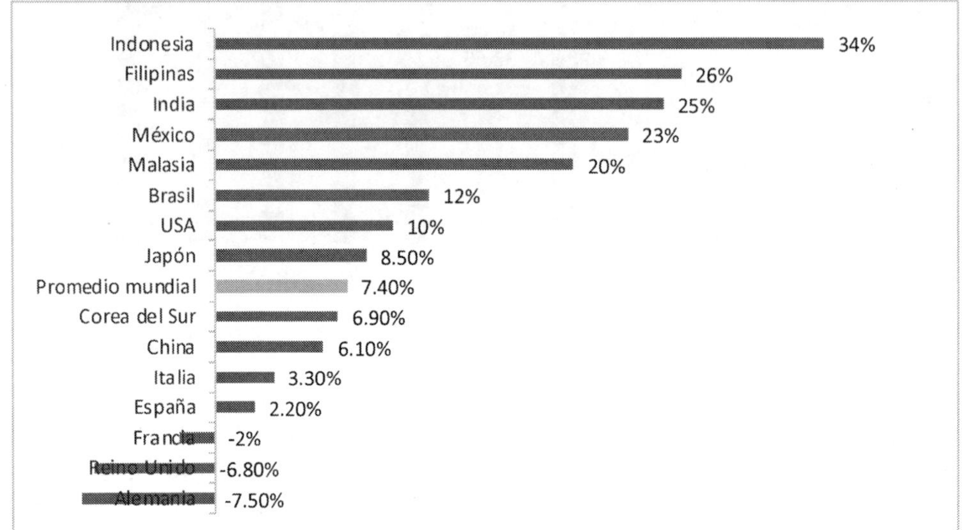

Nota. Elaborada a partir de datos de AMVO (2023)

Asimimos, de acuerdo con la AMVO (2023), durante el año 2022, más de 63 millones de individuos en México comenzaron a utilizar internet para realizar compras de productos y servicios (ver figura 5). Esta cifra refleja cómo la tendencia de adopción progresiva a lo largo de los años ha llevado a la incorporación de nuevos compradores, evidenciando así los esfuerzos de la industria por proporcionar una experiencia gratificante al optar por el medio digital.

No obstante, el papel de la tienda física en la interacción con el producto sigue siendo fundamental en el proceso de elección, tanto si la compra se realiza por internet o no, dado que el consumidor tiene una preferencia por experimentar y palpar el producto antes de adquirirlo (AMVO, 2023).

Figura 5. Evolución de la adopción del comercio electrónico en México

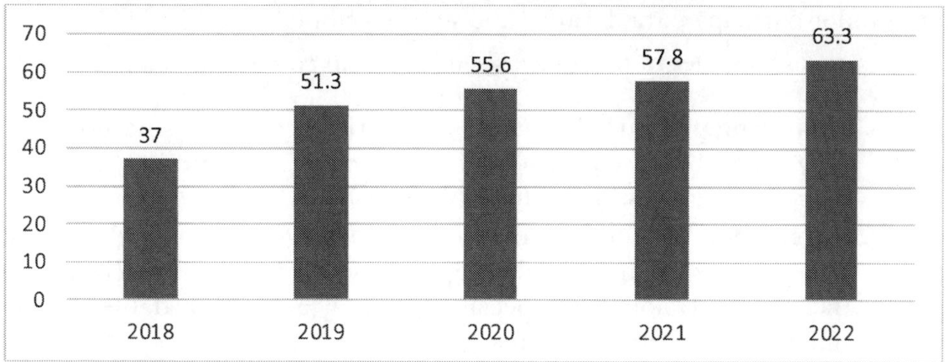

Nota. Elaborada a partir de datos de AMVO (2023).

Con el propósito de indagar sobre su metodología para generar las estimaciones, se estableció contacto con la Asociación Mexicana de Venta Online (AMVO), quienes manifestaron su enfoque exclusivo en el comercio electrónico minorista (D. Orozco, comunicación personal, 11 de marzo 2020). Lo anterior a través de entrevistas detalladas con líderes de las principales empresas y proveedores en el ámbito, informes públicos de ingresos, estimaciones internacionales sobre el valor minorista, investigaciones de mercado propias orientadas hacia pequeñas y medianas empresas, y cálculos estimativos. Al mismo tiempo, enfatizaron que estas cifras reflejan el panorama del comercio electrónico minorista B2C en su totalidad. Estas estadísticas no incorporan las categorías de D2C, segunda mano, B2B, servicios en línea ni el sector de viajes (AMVO, 2022).

EL COMERCIO ELECTRÓNICO DESDE LA PERSPECTIVA DEL CONSUMIDOR

El estudio del comportamiento de los consumidores ha sido objeto de investigaciones extensas, dando lugar a diferentes enfoques conceptuales. Estos enfoques han analizado tanto la perspectiva del consumidor como su comportamiento, tal como se ha abordado en trabajos de investigadores como Sánchez (2015) al igual que Kotler y Armstrong (2013).

Con relación a este asunto, Sánchez (2015) argumenta que el comportamiento del consumidor representa un proceso compuesto por diversas actividades en las que el consumidor participa activamente. Engloba acciones que anteceden, acompañan y suceden a las elecciones de compra, en las cuales el consumidor participa para llevar a cabo sus selecciones.

Este proceso se integra por tres fases de acuerdo con Molla et al. (2006):

1. **La precompra**. Sucede cuando el usuario reconoce sus necesidades y desafíos, busca datos, observa las opciones comerciales, valora y elige entre las distintas alternativas presentes.
2. **La compra**. Fase en la que el comprador elige la tienda y define las condiciones del intercambio, estando su decisión influenciada por factores situacionales, especialmente por la elección del establecimiento, entre otros aspectos.
3. **La postcompra**. Es el momento en el que el consumidor emplea los productos obtenidos, los analiza y les asigna una valoración, lo que desencadena sentimientos de satisfacción o insatisfacción con relación a dichos productos. Estos sentimientos, a su vez, influyen en las acciones futuras del consumidor, que se originarán en función del nivel de satisfacción experimentado.

Indudablemente, el comportamiento del comprador en contextos de comercio electrónico muestra disparidades respecto a los métodos convencionales previamente mencionados. Una investigación llevada a cabo por Salas et al. (2021) distingue los elementos que impactan en la conducta del cliente con relación a su intención y empleo del internet como canal de adquisición.

Con el propósito de establecer una base teórica robusta, los mencionados autores emplean el TAM. Específicamente, postulan que el componente de "actitud" sigue siendo relevante en el campo científico debido a su profundidad y su capacidad para influir en la intención y el comportamiento de compra. En consecuencia, presentan un modelo que explora el uso de internet como medio de compra.

De este modo, se identifica la intención de compra o uso (de internet) como variable del comportamiento del internauta. Además, esta intención opera como un factor impulsor que incide en la elección de llevar a cabo o no una acción. En otras palabras, refleja la intención de realizar una conducta particular (Salas et al., 2021).

En resumen, analizar el comportamiento del consumidor en el contexto del comercio electrónico demanda investigaciones que distingan entre la intención de compra o uso de internet y la acción de adquisición, tanto en términos conceptuales como en el examen de los factores que impactan en cada una de ellas.

Con relación al acto de compra, la OCDE (2020) expone las tendencias principales del comercio electrónico enfocado en el consumidor final (B2C). Además, subrayan que las empresas están incursionando en las compras a través de plataformas en línea dirigidas al consumidor, y los fabricantes tienen la capacidad de interactuar directamente con los consumidores utilizando estos mismos canales.

Entre las principales tendencias se reconocen (OCDE, 2020):

1. La participación de los consumidores incrementa de manera variable según factores como la edad, el género, los recursos económicos y el nivel educativo.
2. Las personas de mayor edad son menos propensas a involucrarse en el comercio electrónico, mientras que la disparidad de género persiste en ciertos países.
3. La participación en el comercio electrónico experimenta notables fluctuaciones según los niveles de ingresos y educativos.
4. Hay diversos elementos que contribuyen a la fragmentación del comercio electrónico entre áreas urbanas y rurales.
5. Las tendencias de compra en línea están en constante cambio, al igual que las inclinaciones de consumo hacia nuevas categorías de productos. Esto refleja modelos de negocios emergentes y una base de consumidores más amplia.
6. La conveniencia, los precios y la disponibilidad constituyen algunos de los motivos fundamentales por los que muchas personas se involucran en el comercio electrónico; sin embargo, aún existen ciertos obstáculos.
7. Las preferencias, las costumbres y las competencias personales representan barreras significativas para los usuarios en el comercio electrónico.

La expansión del comercio electrónico posibilita que un creciente número de compañías, incluso aquellas de menor tamaño, pueda llevar a cabo ventas transfronterizas, lo que amplía la diversidad de productos disponibles para los consumidores. También se ha observado que los artículos adquiridos con más regularidad a través de las fronteras tienden a ser productos (OCDE, 2020).

Como es sabido, en las transacciones de comercio electrónico, cada vez es más común la interacción directa entre los usuarios, especialmente en el contexto de las negociaciones entre empresas y consumidores (B2C). A continuación, se exponen las principales tendencias desde esta perspectiva en México.

A pesar de que las transacciones entre empresas son prominentes en el comercio electrónico, la adopción por parte de los consumidores se está llevando a cabo de manera más rápida. La difusión del acceso a internet a través de dispositivos móviles, en conjunto con nuevas alternativas de pago, favorecen las operaciones entre los consumidores (OCDE, 2020).

El Instituto Nacional de Estadística y Geografía (INEGI), a través de su investigación Encuesta Nacional sobre Disponibilidad y Uso de Tecnologías de la Información en los Hogares (ENDUTIH)., ha documentado desde el año 2016 diversos aspectos, incluyendo la penetración de internet entre la población mexicana. Según los datos proporcionados, en 2016 México contaba con aproximadamente 65.5 millones de usuarios de internet, mientras que para el año 2022 esta cifra aumentó a alrededor de 93.1 millones de usuarios.

Como se aprecia en la figura 6, los avances en la conectividad se han expandido entre la población de manera exponencial, lo cual ha contribuido de manera notoria al aumento número de usuarios que compran en línea.

Figura 6. Usuarios mexicanos de internet 2016-2022

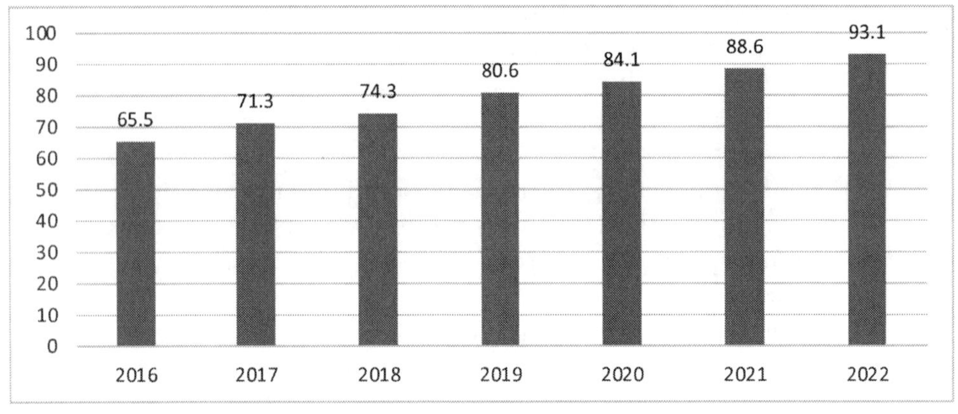

Nota. Adaptado de INEGI (2017), (2018), (2019b), (2020), (2021), (2022), (2023a).

En el año 2022, el perfil de los usuarios de internet en México muestra que el 49% son hombres y el 51% son mujeres. En cuanto a las visitas a sitios de comercio electrónico según grupos de edad, se observa que el grupo más representativo está compuesto por personas de 25 a 34 años, con un 30% de las visitas. Le sigue el grupo de 35 a 44 años con un 27% de las visitas, seguido por los grupos de 45-64 años (19%), 15-24 años (16%) y finalmente, los mayores de 65 años, que representan el 8% de las visitas (AMVO, 2023).

De acuerdo con las vivencias de los compradores investigados en el estudio citado, estos identifican los beneficios de realizar compras en línea que trascienden el factor del precio. Se perciben como ventajas el servicio de entrega a domicilio y la posibilidad de acceder a inventarios únicos en el ámbito digital. Asimismo, los compradores efectúan compras en línea de forma continua debido a los atractivos de la comodidad y la amplia gama de productos disponibles, especialmente en el marco de la presente crisis sanitaria y económica.

En este contexto, las tecnologías digitales han adquirido una relevancia sobresaliente al contribuir en la operación de los sistemas económicos, atenuar el aislamiento y difundir medidas preventivas. De hecho, debido al efecto generado por la pandemia del COVID-19, el comercio electrónico de tipo B2C ha experimentado un aumento significativo. Esto se ha manifestado tanto en las formas de m-commerce, que incluyen las transacciones realizadas a través de plataformas web o aplicaciones diseñadas para este propósito, como en el social e-commerce, que implica el uso de redes sociales como plataformas para actividades de mercadeo y ventas.

En cierta medida, las plataformas B2C y B2B han abordado la problemática del acceso a productos perecederos, como frutas, verduras, productos lácteos, carne, pescado y alimentos semipreparados o listos para consumir. Además, han facilitado el suministro de insumos médicos y elementos esenciales para el hogar (CEPAL & CAF, 2020; FAO & CEPAL, 2020; WTO, 2020).

De hecho, durante el 2022, diversas categorías han conseguido establecerse como las favoritas en las compras en línea. La entrega de alimentos a domicilio, la moda y los dispositivos electrónicos siguen encabezando la lista de preferencias en el mercado digital. Asimismo, es notable el aumento en la demanda de muebles y artículos de decoración para el hogar, electrodomésticos, artículos deportivos y herramientas. En lo que respecta a las farmacias, su posición se ha mantenido constante en comparación con el periodo de la pandemia, en el cual tuvo un papel especialmente relevante (AMVO, 2022).

Sin duda alguna, de acuerdo con el análisis llevado a cabo por AMVO (2022) acerca de la influencia del COVID-19 en América Latina, sugería que la pandemia actuaría como un agente impulsor de cambios en los patrones de compra de los consumidores. Esta alteración que ha llevado a la adopción de compras en línea podría tener repercusiones sustanciales en el largo plazo.

Con relación a este tema, el análisis de Reyes et al. (2022) concluyó que, como efecto de la pandemia, los patrones de consumo de los internautas mexicanos sufrieron cambios sustanciales. De acuerdo con sus observaciones, la necesidad de realizar compras por internet impulsó significativamente la consolidación del comercio electrónico.

Es claro que el comportamiento de compra de los usuarios de internet es distinto al de los consumidores en tiendas convencionales. No obstante, con la intención de esclarecer y evitar confusiones con relación al concepto o la variable de intención de compra, en la siguiente sección se presentan diversas definiciones con el propósito de establecer los marcos teóricos en relación con el desarrollo esta investigación.

Intención de compra

Según Torres y Padilla (2013), la intención de compra implica conocer qué elección tomará un cliente en relación a una compra en un futuro próximo. Chu y Lu (2007) la definen como el nivel en que un comprador anhela adquirir un producto en un momento posterior. En el enfoque de Shaouf et al. (2016), la intención de compra en línea es simplemente el deseo de obtener un producto o servicio a través de un sitio web.

Beneke et al. (2016) sostienen que la posibilidad de que una persona adquiera un artículo específico depende de sus necesidades, actitud y percepción hacia dicho producto o marca. Otros investigadores, como Kamalul et al. (2018), plantean que la intención de compra refleja el deseo del cliente de adquirir un producto en particular. Por último, Peña et al. (2020) concluyen que la intención de compra representa el nivel de disposición del comprador para adquirir un artículo a través de una tienda en línea.

En resumen, considerando las definiciones presentadas y los resultados de esta investigación, la intención de compra en línea se define como la disposición o deseo del consumidor o usuario de obtener un producto o servicio a través de una tienda en línea o una aplicación móvil. Este fenómeno está respaldado por estudios realizados por Herrero et al. (2006), Calvo-Porral et al. (2013), Peña (2014), Lim et al. (2016), Dachyar y Banjarnahor (2017), Ha et al. (2019), Nuseir (2019), Othman et al. (2019), Rehman et al. (2019) y Wen et al. (2019), los cuales indican que esta intención está estrechamente relacionada con la acción final de realizar una compra.

No obstante, es necesario tener en cuenta las investigaciones realizadas por Chan et al. (2003) y Chiu et al. (2012), que indican que las motivaciones que llevan a los usuarios a realizar su primera compra en línea difieren de aquellas que fomentan las compras repetidas. Tanto la intención de un comportamiento específico como la acción concreta son aspectos cruciales en la realización de una compra, ya que la intención de compra desempeña un papel fundamental en el comportamiento de compra (Kim et al., 2008).

Dado el reconocimiento de que varios de los factores determinantes en la intención de compra en mercados tradicionales seguirán siendo relevantes para las compras en línea, es crucial realizar un análisis y contexto adecuado de los factores esenciales y su manera de influir en la intención de compra en este entorno.

En el capítulo 3 se presenta el análisis de los factores que influyen en la intención de compra en línea. Ello resultará en la creación de una tipología de factores que se alinea con las dimensiones reconocidas en la literatura, sirviendo como fundamento para la construcción del modelo teórico.

Capítulo II.

ASPECTOS FISCALES DEL COMERCIO ELECTRÓNICO EN MÉXICO

LA TRANSFORMACIÓN DIGITAL Y SU REGULACIÓN FISCAL: UN ANÁLISIS BREVE DE LAS POLÍTICAS PARA EL COMERCIO ELECTRÓNICO EN MÉXICO A TRES AÑOS DE SU REGULACIÓN

A pesar de que el propósito principal de esta obra es analizar los elementos vinculados a los factores que motivan a los usuarios mexicanos a realizar compras en línea, con el objetivo de cubrir la mayor cantidad posible de influencias en la intención de compra digital, se ha desarrollado este capítulo para abordar de manera concisa los aspectos fiscales relacionados con la regulación del comercio electrónico en México. Sin más preámbulos, se abordará este tema a continuación.

La digitalización de la economía en México ha llevado consigo la propuesta de políticas específicas y la regulación fiscal del comercio electrónico. En este contexto, la Organización para la Cooperación y el Desarrollo Económicos (OCDE) ha recomendado a las pequeñas y medianas empresas (PYMEs) mexicanas la adopción de tecnologías digitales como un paso necesario para impulsar el crecimiento del país. Según este organismo, la participación de los consumidores mexicanos en el comercio electrónico aumentó un 13% entre 2009 y 2018. Sin embargo, aún se encuentra por debajo del promedio del 82% observado en Dinamarca, Reino Unido y Países Bajos.

A medida que la tendencia de crecimiento del comercio electrónico persiste en México hasta 2023, junto con la aparición de nuevos modelos de negocios digitales que incorporan la utilización de páginas web, redes sociales y plataformas para diversas transacciones, como compras y ventas de productos o servicios, se evidencia el potencial de desarrollo empresarial. Sin embargo, esto también plantea diversos desafíos en el ámbito fiscal.

En este contexto, la OCDE señala que los impuestos directos, como el Impuesto Sobre la Renta (ISR), que tradicionalmente se basan en factores físicos para determinar la presencia imponible y calcular ganancias hasta 2019, han presentado problemas en la valoración de activos intangibles debido a su movilidad. Además, los impuestos indirectos representan uno de los desafíos más significativos debido a la digitalización, especialmente el Impuesto al Valor Agregado (IVA). Esto se evidencia cuando los vendedores digitalizados extranjeros carecen de presencia en el mercado del consumidor mexicano y los recursos del país son limitados para exigir la aplicación y remisión del IVA por los servicios y bienes intangibles suministrados al consumidor final en México (OCDE, 2020).

La transformación de las transacciones comerciales en México, ha pasado de ser predominantemente físicas y basadas en pagos en efectivo a operaciones en línea. Lo anterior se reflejó en un aumento del 800% en la cantidad de sitios web de negocios para mayo de 2020. Además, investigaciones llevadas a cabo por la Conferencia de las Naciones Unidas sobre Comercio y Desarrollo (UNCTAD) y NetComm Suisse en 2020 indican un crecimiento en el número de individuos que realizan compras en línea en economías con una participación históricamente menor en comparación con países con una presencia más consolidada en el comercio electrónico.

En el ámbito tributario, se observó un despliegue de acciones y políticas por parte de gobiernos latinoamericanos que incluyeron la implementación de estrategias mediante incentivos y controles fiscales para respaldar las actividades en línea, (OCDE, 2021).

Hasta diciembre de 2019, la actividad económica vinculada a la compra o venta de bienes y servicios por medio de internet, enmarcada en los modelos de comercio electrónico, no estaba debidamente regulada en México. En otras palabras, no existía un marco normativo que orientara a los contribuyentes sobre cómo cumplir con las obligaciones fiscales relacionadas con el ISR y el IVA.

Esta situación cambió a partir del 1 de junio de 2020, fecha en la que se instauró un régimen fiscal específico para plataformas digitales. Este régimen tuvo como antecedente un decreto publicado el 9 de diciembre de 2019 en el Diario Oficial de la Federación (DOF), que reformaba, adicionaba y derogaba diversas disposiciones, incluyendo la Ley del Impuesto Sobre la Renta (LISR) y la Ley del Impuesto al Valor Agregado (LIVA). En el contexto de trato, se agregó la Sección III a la LISR para regular la enajenación de bienes o la prestación de servicios a través de internet, haciendo hincapié en plataformas tecnológicas, aplicaciones informáticas y medios similares.

Previamente al mencionado decreto, se promulgaron las normativas de la 3.11.12 a la 3.11.18 de la Resolución Miscelánea para 2019, publicada en el DOF el 29 de abril de 2019, en vigor hasta el 31 de mayo de 2020. En dichas normativas, se contempló la opción para que las empresas proveedoras de plataformas digitales o intermediarias llevaran a cabo la retención del ISR e IVA a las personas físicas que ofrecieran servicios de transporte terrestre, pasajeros o entrega de alimentos.

En cuanto a las reglas de índole general aplicables a plataformas digitales, el 28 de diciembre de 2019, el Servicio de Administración Tributaria (SAT) emitió la Resolución Miscelánea para 2020, en la cual se añadió el Título 12, "De la Prestación de Servicios Digitales". Este título experimentó modificaciones sustanciales en la primera modificación a la Resolución Miscelánea para 2020, publicada en el DOF el 12 de junio de 2020.

Es relevante destacar que, para la Resolución Miscelánea de 2021, no se registraron cambios significativos en la primera y tercera adaptación del mencionado título, las cuales fueron realizadas a la Resolución Miscelánea de 2020 y publicadas en el DOF el 3 de mayo de 2021 y el 18 de noviembre de 2021, respectivamente.

En la actualidad, está en efecto la Resolución Miscelánea para el año 2023, la cual fue publicada en el DOF el 27 de diciembre de 2022, e incluye nuevas incorporaciones. A tres años de la implementación de la regulación de plataformas tecnológicas y la instauración del Régimen Fiscal para los Ingresos derivados de la enajenación de bienes o la prestación de servicios a través de internet, mediante plataformas tecnológicas, aplicaciones informáticas y medios afines en México, el SAT obtuvo ingresos tributarios significativos, totalizando $8,664,519,316.00 (ocho mil seiscientos sesenta y cuatro millones quinientos diecinueve mil trescientos dieciséis pesos 00/100), provenientes de la oferta de servicios digitales, incluyendo plataformas como Netflix, Spotify, Amazon, Uber, Airbnb, entre otras.

Se observa un incremento en los ingresos tributarios, según lo reportado por el SAT el 27 de diciembre de 2023. Por todo lo anterior es que en este capitulo, se examinan las disposiciones fiscales relacionadas con el ISR y el IVA, las cuales servirán como orientación en el desarrollo de las actividades económicas de los empresarios o contribuyentes que comercializan sus productos o servicios a través de internet o en línea, tributando en México bajo el régimen fiscal de plataformas digitales.

COMERCIO ELECTRÓNICO EN EL MARCO DE LA LEY DEL IMPUESTO SOBRE LA RENTA

En la Sección III del Título IV de la LISR se detallan las disposiciones relativas al régimen fiscal de plataformas digitales, contempladas en cuatro artículos: 113-A, 113-B, 113-C y 113-D (Ley del Impuesto sobre la Renta, 2013, arts. 113-A, 113-B, 113-C y 113-D). El artículo 113-A establece la obligación de efectuar el pago del ISR para las personas físicas con actividades empresariales que realicen la enajenación de bienes o la prestación de servicios a través o mediante plataformas digitales, y que ofrezcan los servicios mencionados en la fracción II del artículo 18-B de la LIVA. Esto se aplica a los ingresos generados mediante dichos medios, provenientes de la realización de las actividades empresariales mencionadas, incluyendo cualquier pago adicional recibido a través de estos (Ley del Impuesto sobre la Renta, 2013, art. 113-A).

La modalidad de pago del ISR en este régimen fiscal se llevará a cabo mediante retenciones realizadas por personas morales residentes en México o residentes en el extranjero con o sin establecimiento permanente en el país, así como por entidades o figuras jurídicas extranjeras que, de manera directa o indirecta, proporcionen el uso de las mencionadas plataformas tecnológicas, aplicaciones informáticas y similares, o actúen como intermediarios.

Estas retenciones se aplicarán sobre el total de los ingresos percibidos efectivamente por las personas físicas u oferentes de bienes y servicios a través de plataformas digitales. Es importante destacar que la retención del ISR será de carácter provisional, con la opción de considerar como pagos definitivos las retenciones realizadas de acuerdo con la Sección III, en los casos establecidos en el artículo 113-B. Las tasas de retención asignadas a cada una de las actividades económicas son las siguientes (Ley del Impuesto sobre la Renta, 2013, art. 113-B):

I. Tratándose de prestación de servicios de transporte terrestre de pasajeros y de entrega de bienes la retención se hará por el 2.1%.
II. Tratándose de prestación de servicios de hospedaje la retención se hará por el 4%.
III. Tratándose de enajenación de bienes y prestación de servicios la retención se hará por el 1%.

En otras palabras, la compañía que actúa como intermediaria al proporcionar servicios o plataforma digitales realizará una retención directa sobre los ingresos efectivamente recibidos por el oferente, una persona física que vende bienes o presta servicios a través de plataformas digitales. Se presentan ejemplos ilustrativos en la tabla 2 para su consideración:

Tabla 2 *Porcentaje de retenciones de ISR*

Actividad económica	% de retención de ISR
Transporte terrestre de pasajeros y entrega de bienes *(Uber, Cabifi, Didi, Rappi, entre otros.)*	2.1%
Servicios de Hospedaje *(Airbnb, Expeida, booking.com, entre otros.)*	4%
Enajenación (venta) de Bienes y Prestación de Servicios *Mercado Libre, Amazon, Coursera, Facebook Marketplace, entre otros.)*	1%

Nota. Ley del Impuesto Sobre la Renta (2013)

Al encontrarse el régimen fiscal de Plataformas Digitales en el Título IV de las Personas Físicas, están sujetas a este solo las personas físicas residentes en México. Según lo establecido en el artículo 90 de la LISR, esta normativa se aplica tanto a las personas físicas residentes en México que generen ingresos como a aquellas personas físicas residentes en el extranjero que lleven a cabo actividades empresariales o proporcionen servicios personales independientes en el país a través de un establecimiento permanente, gravando los ingresos atribuibles a este último.

Las personas físicas residentes en el extranjero o aquellas sin establecimiento permanente en México no entran en el ámbito del régimen fiscal de plataformas digitales. Esto implica que los intermediarios o plataformas digitales no tienen la obligación de retener impuestos de estas personas. En otras palabras, en el régimen de plataformas digitales no están obligados a tributar los residentes en el extranjero.

Por ejemplo, los extranjeros que ofrecen propiedades en México para renta vacacional y a corto plazo a través de plataformas digitales están realizando una actividad empresarial de hospedaje, la cual no está sujeta al pago de ISR en México.

No obstante, sí están sujetos al IVA y al Impuesto Sobre Hospedaje (ISH), lo que implica que generan estos impuestos y deben ser retenidos por las plataformas digitales, según lo establecido en las disposiciones fiscales correspondientes.

A los fines de lo establecido en el tercer párrafo del artículo 113-A y en el primer párrafo de la fracción IV del artículo 113-C de la Ley del ISR, aquellos sujetos mencionados en dichas disposiciones que ofrezcan servicios digitales de intermediación entre terceros deben emplear como base para calcular la retención los ingresos efectivamente recibidos por las personas físicas a través de plataformas tecnológicas, aplicaciones informáticas y medios similares, así como los ingresos que la misma plataforma tecnológica, aplicación informática o medio similar abone a las personas físicas (Ley del Impuesto sobre la Renta, 2013, arts. 113-A, 113-C).

En este cálculo, es importante excluir los ingresos obtenidos directamente de los consumidores que adquieren bienes o servicios a través de la intervención de plataformas tecnológicas, aplicaciones informáticas y otros medios similares.

Con el propósito de ejemplificar el procedimiento para calcular las retenciones de ISR, se presenta en la tabla 3 un caso práctico que ilustra la retención realizada por una entidad intermediaria o persona jurídica que ofrece servicios digitales a través de la plataforma UBER a una persona física (prestadora de servicios digitales) que realiza la enajenación de bienes o presta servicios mediante plataformas digitales.

La retención se refiere a los servicios de transporte terrestre de pasajeros efectivamente facturados a través de una transferencia durante el mes de julio de 2023. Esta transacción está detallada en el comprobante de retenciones número 2567899 con la clave de retención 26, identificada como "Servicios mediante plataformas tecnológicas", con un monto de $19,500.00 y una forma de pago clasificada como 02, que corresponde a transferencia electrónica de pagos:

Tabla 3. *Determinación de retenciones de ISR a personas físicas receptoras de servicios digitales*

Concepto	Importe
Ingresos obtenidos efectivamente cobrados por la persona física provenientes de la enajenación de bienes o la prestación de servicios a través de internet, mediante plataformas tecnológicas, aplicaciones informáticas y fines similares (oferente o receptor de los servicios digitales)	$19,500.00
(por) tasa de retención de ISR de conformidad con el artículo 113-A de la LISR	2%
Retención de ISR (retención efectuada por el intermediario o persona moral que proporciona los servicios digitales)	$384.00

Nota. Ley del Impuesto sobre la Renta (2013).

Como se puede apreciar en la tabla 3, las retenciones de ISR asociadas a los ingresos percibidos y cobrados por la persona física u oferente, provenientes de la enajenación de bienes o la prestación de servicios a través de internet mediante plataformas tecnológicas, aplicaciones informáticas y similares, ascienden a $384.00. Esta cantidad de ISR retenido puede ser posteriormente acreditada por la persona física en su pago provisional.

Por último, en lo que respecta a los impuestos generados por los compradores, clientes o consumidores de los bienes o servicios ofrecidos a través de plataformas digitales, cabe destacar que, en cuanto al ISR, no están sujetos a este impuesto, sino únicamente al IVA e ISH, según corresponda.

Este esquema tributario no afecta el poder adquisitivo en México, ya que los impuestos cobrados a los consumidores se rigen por las normativas establecidas previas a la implementación del régimen de plataformas tributarias, que exclusivamente se aplica a las personas físicas oferentes de bienes y servicios digitales.

OBLIGACIONES DE LAS PERSONAS FÍSICAS OFERENTES DE BIENES O SERVICIOS A TRAVÉS DE PLATAFORMAS DIGITALES

Las personas físicas que se dedican a actividades empresariales y ofrecen bienes o servicios, generando ingresos a través de la venta de bienes o la prestación de servicios mediante el uso de plataformas tecnológicas, aplicaciones informáticas u otros medios similares, deben cumplir con ciertas obligaciones fiscales, según lo establecido en los artículos 113-A y 113-B de la LISR (Ley del Impuesto sobre la Renta, 2013, arts. 113-A, 113-B), mismas que se señalan en la tabla 4:

Tabla 4. *Obligaciones de las personas físicas oferentes de la enajenación (venta) de bienes o prestación de servicios*

Darse de alta en el Régimen de Plataformas Digitales https://www.sat.gob.mx/tramites/82714/realiza-tu-inscripcion-en-el-rfc-persona-fisica (se obtiene el acuse de preinscripción) y se agenda una cita en https://citas.sat.gob.mx/
Presentar aviso de actualización de actividades económicas y obligaciones fiscales como persona física (ingrese al apartado: Trámites del RFC https://www.sat.gob.mx/tramites/33758/presenta-el-aviso-de-actualizacion-de actividades-economicas-y-obligaciones-fiscales-como-persona-fisica a continuación ingrese al apartado: Actualización de RFC; en tipo de ingresos elija la opción: Empresarial; y la opción: Actividades empresariales con ingresos por la enajenación de bienes o la prestación de servicios a través de internet, plataformas, aplicaciones informáticas y similares. Finalmente en actividad económica elija: Plataformas Tecnológicas. Persona Física, precisando la o las actividades que realiza a través de plataformas tecnológicas.
Optar por considerar como pagos definitivos las retenciones que les efectúen, cuando perciban únicamente ingresos de esta sección e ingresos por salarios e intereses (la suma de estos tres conceptos, hasta $300,000.00 pesos anuales o se estime que no superarán dicho monto, tratándose del primer año). También podrán no presentar declaración anual y no podrán efectuar deducciones.
Conservar el comprobante fiscal digital por internet que les proporcionen las plataformas digitales por los ingresos efectivamente cobrados (comprobante de retenciones).
Expedir comprobantes fiscales que acrediten los ingresos que perciban (factura electrónica de las ventas, solicite o no la factura el cliente que recibe el bien o servicio [consumidor]).

Presentar un aviso en el que manifiesten su voluntad de optar porque las retenciones sean consideradas como definitivas (esta opción no podrá variarse durante un período de cinco años). Deberán presentar el pago definitivo a través de la *"Declaración de pago definitivo del ISR personas físicas plataformas tecnológicas"*. Realizar sus propias declaraciones acreditando dicha retención, en ese caso, se debe presentar pago provisional a través de plataforma *"Declaración Provisional o Definitiva de Impuesto Federales"*.
Si los ingresos exceden de $300,000.00 pesos al año incluidos sueldo e intereses u otros ingresos obtenidos de actividades económicas, tales como, servicios profesionales, arrendamiento, actividades empresariales, entre otras, el ISR retenido será un pago provisional y en la declaración de ISR anual podrá efectuar las deducciones personales, así como, calcular el impuesto definitivo.
Proporcionar a las personas morales residentes en México o residentes en el extranjero con o sin establecimiento permanente en el país, así como, a las entidades o figuras jurídicas extranjeras que proporcionen, de manera directa o indirecta, el uso de las citadas plataformas tecnológicas, aplicaciones informáticas y similares, la información a que se refiere la fracción III del artículo 18-J de la Ley del IVA (se debe informar al intermediario de la plataforma digital los datos fiscales y RFC para que efectúen la retención definitiva o provisional, de no hacerlo retendrán el 20%).

Nota. Ley del Impuesto sobre la Renta (2013).

Las personas físicas que generan ingresos no superiores a $300,000.00 (trescientos mil pesos 00/100 M.N.) anuales tienen la opción de beneficiarse con un estímulo fiscal, permitiéndoles elegir entre presentar declaraciones que serán consideradas como pagos provisionales o definitivos. Por otro lado, aquellas cuyos ingresos excedan dicho monto solo pueden realizar pagos provisionales de ISR.

En este contexto, las personas físicas que ofrecen bienes y servicios a través de plataformas digitales tienen la capacidad de realizar deducciones (gastos y/o costos) relacionadas con su actividad. Para los pagos provisionales, aplicarán la tarifa mensual establecida en el artículo 96 de la LISR para personas físicas con actividad empresarial (Ley del Impuesto sobre la Renta, 2013, art. 96), actualizada mensualmente según el anexo 8 de la Resolución Miscelánea Fiscal para 2023 y sus anexos 1, 5, 8, 15, 19, 26 y 27. Estas tarifas son aplicables a los ingresos percibidos por los contribuyentes mencionados en el Capítulo II, Sección I, del Título IV de la LISR.

OBLIGACIONES DE LAS PERSONAS MORALES CON PLATAFORMAS DIGITALES DE INTERMEDIACIÓN

Las plataformas digitales funcionan como intermediarios entre las autoridades fiscales y los individuos (oferentes) que generan ingresos mediante la venta de bienes o la prestación de servicios a través de internet, utilizando plataformas tecnológicas, aplicaciones informáticas y tecnologías similares.

Estas plataformas pueden ser personas morales con residencia en México o en el extranjero, ya sea con o sin establecimiento permanente en el país, así como entidades o figuras jurídicas extranjeras mencionadas en el segundo párrafo del artículo 113-A de la LISR (Ley del Impuesto sobre la Renta, 2013, arts. 113-A), que ofrecen plataformas o servicios digitales. Estas entidades, al inscribirse como retenedores de plataformas digitales, adquieren ciertas obligaciones fiscales que deben cumplir, obligaciones contenidas en la tabla 5:

Tabla 5. *Obligaciones fiscales de las personas morales intermediarios de servicios digitales*

Los residentes en el extranjero sin establecimiento permanente en el país y de entidades o figuras jurídicas extranjeras deberán cumplir con las obligaciones previstas en las fracciones I, VI y VII del artículo 18-D e inciso d), fracción II del artículo 18-J de la LIVA.
Proporcionar comprobantes fiscales a las personas físicas a las que se les hubiera efectuado la retención a que se refiere el artículo 113-A de la LISR (comprobante de retenciones).
Proporcionar al Servicio de Administración Tributaria la información a que se refiere la fracción III del artículo 18-J de la LIVA, de acuerdo a lo señalado en el último párrafo de la fracción citada.
Retener y enterar el Impuesto Sobre la Renta que corresponda conforme a lo dispuesto en el artículo 113-A de la LISR.
Enterar las retenciones efectuadas a las personas físicas señaladas en el artículo 113-A de la LIVA a través de declaraciones mensuales.
Conservar como parte de su contabilidad la documentación que demuestre que efectuaron la retención y entero del impuesto sobre la renta correspondiente

Nota. Elaboración propia con base en la normatividad aplicable.

Por consiguiente, las personas morales o intermediarios que ofrecen servicios digitales a través de plataformas tecnológicas son responsables de efectuar la retención correspondiente del ISR y el IVA. Esto se lleva a cabo con el objetivo de asegurar que los individuos u oferentes de bienes y servicios cumplan con la obligación tributaria de efectuar los pagos fiscales requeridos.

El incumplimiento de dichas obligaciones conlleva la aplicación de sanciones o multas, las cuales están contempladas tanto en la LISR como en el Código Fiscal de la Federación (CFF), y puede resultar en el bloqueo temporal del acceso al servicio digital, según lo establecido en el artículo 113-D (Ley del Impuesto sobre la Renta, 2013, arts. 113-D).

COMERCIO ELECTRÓNICO EN EL MARCO DE LA LEY DEL IMPUESTO AL VALOR AGREGADO

El Régimen Fiscal para Plataformas Digitales fue establecido a partir del 1 de junio de 2020 según la LISR, aplicable a personas físicas que realicen actividades económicas mediante la venta de bienes o la prestación de servicios a través de internet, utilizando plataformas tecnológicas, aplicaciones informáticas y medios similares.

Respecto al IVA, su regulación comenzó con el "Decreto por el que se reforman, adicionan y derogan diversas disposiciones de la Ley del Impuesto sobre la Renta, de la Ley del Impuesto al Valor Agregado y del Código Fiscal de la Federación", publicado el 8 de diciembre de 2020 y en vigor desde el 1 de enero de 2021 (Ley del Impuesto al Valor Agregado, 2020).

A partir de la incorporación de disposiciones fiscales en la LIVA, se establece, de acuerdo con el artículo 18-J de la misma ley, que si un bien (producto) o servicio está sujeto al IVA, la empresa intermediaria o plataforma digital tiene la obligación de retener al proveedor del bien o servicio (oferente) el 50% del IVA cobrado al cliente (consumidor) (Ley del Impuesto al Valor Agregado, 1978). En caso de que el oferente no proporcione su RFC a la empresa intermediaria, la retención del IVA cobrado al cliente será del 100%. En esta situación, el retenedor (intermediario o plataforma digital) asumirá la responsabilidad de pagar el IVA retenido en lugar del oferente o enajenante del bien, proveedor del servicio, u otorgante del uso o goce temporal de bienes.

Es importante destacar que los proveedores o vendedores de bienes, prestadores de servicios, o quienes conceden el uso o goce temporal de bienes, deben calcular mensualmente el IVA. Este cálculo se realiza aplicando la tasa del 16% a las contraprestaciones efectivamente recibidas (el pago realizado por el consumidor por la venta del bien, la prestación del servicio o el uso temporal de bienes, excluyendo impuestos y considerando solo el precio) durante el mes correspondiente. El pago correspondiente debe realizarse a más tardar el día 17 del mes subsiguiente.

En los artículos 18-L y 18-M de la LIVA, se establece que los contribuyentes que generen ingresos exclusivamente a través de plataformas digitales, sueldos e intereses, hasta un monto de $300,000.00 pesos anuales, deben retener el 50% como pago definitivo). En caso de que los clientes realicen pagos directos al proveedor del bien o servicio en lugar de a intermediarios o plataformas digitales, dichos proveedores deben abonar el 8% del IVA sobre los ingresos o el valor de los actos o actividades cobrados, considerándolo como un pago definitivo sin derecho a acreditarlo por gastos e inversiones. Esta tasa se aplica únicamente al calcular el IVA, y si los ingresos superan los $300,000.00 al año, la tasa será del 16%, menos el IVA acreditable (Ley del Impuesto al Valor Agregado, 1978, arts. 18-L, 18-M).

Obligaciones fiscales de las personas físicas que efectúen cobros directos a clientes

Las personas físicas (oferentes) que elijan calcular el IVA mediante la tasa del 8% y realicen cobros directos a los consumidores o clientes por la enajenación de bienes, prestación de servicios u otorgamiento del uso o goce temporal de bienes, deben estar debidamente registradas en el RFC, cuentan con las siguientes obligaciones fiscales expuestas en la tabla 6:

Tabla 6. *Obligaciones fiscales de personas físicas que efectúen cobro directo a clientes*

No podrán efectuar el acreditamiento de IVA por sus gastos e inversiones respecto del impuesto calculado con la tasa de 8 %.
Conservar el comprobante fiscal digital por internet de retenciones e información de pagos que les proporcionen las personas que les efectuaron la retención del IVA (comprobante de retenciones).
Expedir el comprobante fiscal digital por internet a los adquirentes de bienes o servicios (consumidores).
Presentar aviso de opción ante el Servicio de Administración Tributaria conforme a las reglas de carácter general que para tal efecto emita dicho órgano, dentro de los treinta días siguientes a aquel en el que el contribuyente perciba el primer cobro por las actividades celebradas por conducto de las personas a que se refiere el artículo 18-J de la Ley del IVA.
Quedarán relevados de presentar declaraciones informativas.

Nota. Ley del Impuesto al Valor Agregado (1978).

Así como en el caso del ISR, se incorporaron causas de incumplimiento que resultan en sanciones y la suspensión temporal de los servicios de las plataformas digitales, estrechamente vinculadas a las disposiciones del IVA. Estas están especificadas en los artículos 18-H BIS, 18-H TER, 18-H QUÁTER y 18-H QUINTUS de la LIVA, la cual fue publicada mediante decreto el 8 de diciembre de 2020 y entró en vigor el 1 de enero de 2021.

Finalmente, para ilustrar el proceso de calcular las retenciones de IVA, se retoma el caso presentado en la tabla 3 y se detalla en la tabla 7 la metodología para el cálculo del IVA que la entidad intermediaria o persona moral, que ofrece servicios digitales a través de la plataforma digital UBER, debe realizar para retener el 50% del IVA trasladado a la persona física (oferente) que comercializa bienes o presta servicios mediante plataformas digitales.

Esto se aplica a los servicios de transporte terrestre de pasajeros cobrados efectivamente a través de transferencia durante el mes de julio de 2023, siempre y cuando la persona física haya proporcionado sus datos fiscales y RFC, lo que conlleva a la retención del 50% del IVA trasladado:

Tabla 7. *Determinación de retención de IVA efectuada por intermediarios a personas físicas oferentes de bienes y servicios mediante plataforma digital*

Concepto	Importe
Valor de actos o actividades por efectivamente cobrados por la persona física proveniente de la enajenación de bienes o la prestación de servicios a través de internet, mediante plataformas tecnológicas, aplicaciones informáticas y fines similares (oferente o receptor de los servicios digitales)	$19,500.00
(por) tasa de retención	16%
IVA trasladado	$3,120.00
Retención de IVA de conformidad con el artículo 18-J fracción II inciso a) (retención efectuada por el intermediario o persona moral que proporciona los servicios digitales [50 % del IVA trasladado])	$1,560.00

Nota. Ley del Impuesto al Valor Agregado (1978).

Como se evidencia en la tabla 7, la retención de IVA realizada a la persona física u oferente por la enajenación de bienes o la prestación de servicios a través de internet, plataformas tecnológicas, aplicaciones informáticas y otros medios similares asciende a $1,560.00.

En último término, en relación con los impuestos generados por los compradores, clientes o consumidores de los bienes o servicios ofrecidos mediante plataformas digitales, en el caso del IVA, se aplicará a la tasa del 16%, y estarán sujetos a este impuesto al adquirir bienes o recibir servicios de transporte u hospedaje.

En este último caso, también serán objeto del ISH, cuyo porcentaje variará de acuerdo con el estado de la república en que se preste el servicio, generalmente correspondiendo al 3%. Este esquema tributario no inhibe el poder de compra en México, ya que los impuestos cobrados a los consumidores están establecidos antes de la implementación del régimen de plataformas tributarias, que solo se aplica a las personas físicas que ofrecen bienes y servicios digitales.

Se puede concluir respecto a la obligación fiscal de las personas físicas oferentes que venden bienes, ofrecen servicios, hospedaje o proporcionan el uso o goce temporal de bienes a través de plataformas tecnológicas, o que son receptores de servicios digitales en México, dos puntos clave.

En primer lugar, cuando dichas personas físicas no registran sus datos fiscales y RFC en las plataformas digitales, el intermediario o plataforma digital aplicará una retención de ISR mayor, que oscila entre el 20% y el 36%, así como el 16% del IVA trasladado.

El segundo aspecto se presenta cuando las personas físicas oferentes de bienes y servicios a través de la plataforma digital, así como los receptores del servicio digital en México mencionados anteriormente, registran sus datos fiscales y RFC en las plataformas digitales.

En esta situación, la persona moral, intermediario o plataforma digital que proporciona los servicios digitales a las personas físicas realizará las retenciones correspondientes en materia de ISR e IVA, como se detalla en la tabla 8:

Tabla 8. *Resumen de Retenciones de ISR e IVA aplicable Personas Físicas Oferentes de Bienes y Servicios mediante Plataformas Digitales*

Actividad	Procentaje de Retención de ISR	Procentaje de Retención de IVA
Transporte terrestre de pasajeros y entrega de bienes (Uber, Cabifi, Didi, Rappi).	2.1%	8%
Servicios de Hospedaje (Airbnb, Expeida, booking.com)	4%	8%
Enajenación (venta) de Bienes y (Prestación de Servicios Mercado Libre, Amazon, Coursera, Facebook Marketplace)	1%	8%

Nota. Ley del Impuesto al Valor Agregado (1978).

En conclusión, a este capítulo, se puede expresar que el análisis detallado de las disposiciones fiscales en el comercio electrónico en México destaca la complejidad de la regulación ante el crecimiento continuo de esta industria.

La implementación de un régimen fiscal específico en 2020 marcó un hito importante respaldado por la OCDE, aunque persisten desafíos, como la brecha en la participación de consumidores en comparación con otros países y las dificultades en la tributación de vendedores extranjeros.

A pesar de la efectividad en la recaudación de ingresos para el SAT, la conclusión es clara: el escenario fiscal sigue siendo dinámico, exigiendo adaptación constante a la evolución del comercio electrónico y sus implicaciones tributarias, lo que a la postre y en sintonía con el tópico principal de este texto, el aspecto fiscal podría ser considerado como un factor determinante más de la intención de compra en línea por parte de los internautas.

Capítulo III.

FACTORES QUE INFLUYEN EN LA INTENCIÓN DE COMPRA EN LÍNEA

Como se hizo referencia anteriormente, se han llevado a cabo varios estudios y se han elaborado diversos modelos que identifican los elementos que inciden en la adopción del comercio electrónico, es decir, la intención y realización de compras a través de sistemas de redes informáticas, basados en las teorías mencionadas.

Aunque se reconozcan factores que puedan considerarse como obstáculos, esta investigación se centrará principalmente en aquellos elementos relacionados positivamente con la intención de comprar.

TEORÍAS SOBRE LOS FACTORES QUE INFLUYEN EN LA INTENCIÓN DE COMPRA EN LÍNEA

Para comprender los factores que influyen en la intención de compra en línea, es necesario realizar una breve evaluación de las teorías que los respaldan, además de la adecuada interpretación de los modelos utilizados para su identificación.

Teoría de la acción razonada (TRA)

La teoría de la acción razonada, desarrollada por Ajzen y Fishbein, establece que la evaluación de la intención de llevar a cabo un comportamiento consta de dos componentes: la actitud y la norma subjetiva (Haro, 2018; Zuluaga et al., 2020). Según lo expuesto por Encina (2018), la actitud representa la valoración personal de un objeto, es decir, el vínculo entre un objeto y ciertos atributos. Por otro lado, la norma subjetiva es el conjunto de creencias normativas o sociales (Avila, 2019).

González (2016) señala que el TRA fue uno de los primeros enfoques en evaluar la adopción de la tecnología por parte de los usuarios. De manera similar, esta teoría también ha sido utilizada para predecir tanto las intenciones como los comportamientos.

Modelo de aceptación de tecnología (TAM)

Creado por Fred Davis en 1989, el Modelo de Aceptación de la Tecnología es una ampliación de la TRA. Su objetivo principal es pronosticar la aceptación de un sistema y, por ende, el comportamiento de los usuarios al interactuar con ese (Dachyar & Banjarnahor, 2017).

Una de sus ventajas radica en su capacidad para explicar las motivaciones detrás de las acciones de los usuarios que son influenciadas por factores externos (Baby & Kannammal, 2020). Según Mendoza (2018), su enfoque se centra fundamentalmente en analizar los factores que impactan en las actitudes e intenciones de las personas.

Siguiendo las premisas del TAM, el comportamiento de los compradores es influenciado tanto por la percepción de la facilidad de uso como por la utilidad percibida. La utilidad percibida refleja el nivel de comodidad que los usuarios encuentran en el uso de la tecnología y la medida en que creen que mejorará su rendimiento. Por otro lado, la facilidad de uso percibida indica el grado de complejidad que presenta la tecnología (Chen & Tsai, 2019).

Teoría del comportamiento planificado (TPB)

La teoría del comportamiento planificado (TPB), desarrollada por Fishbein y Ajzen en 1975, postula que la intención de llevar a cabo cierto comportamiento es el predictor más destacado, ya que un individuo realiza una acción que previamente había tenido la intención de realizar (Zuluaga et al., 2020).

Además, sostiene que la formación de intenciones está condicionada por tres elementos psicosociales: la actitud, la norma subjetiva y el control del comportamiento (Mastrangelo, 2018). Según Avila (2019), el control del comportamiento tiene un efecto directo en la intención de llevar a cabo una conducta.

Teoría de la difusión de las innovaciones (IDT)

En 1962, Everett Rogers presentó su teoría como un impulsor del progreso de la sociedad (Beltrán, 2016). Según lo mencionado por Orts (2015), esta teoría abarca la difusión de ideas novedosas, métodos, conductas, productos y servicios en un lugar específico, o la aceptación de una innovación para un sujeto u corporación.

La propuesta presentada por Bass en 1969 sostiene que cualquier potencial usuario de un nuevo producto que no haya adquirido previamente se verá motivado por dos fuerzas. Primordialmente, por el efecto social de la innovación y, en segundo lugar, por la influencia ejercida por los usuarios previos (Munuera & Rodríguez, 2007). De manera similar, Jiménez y Martín (2007) indican que la influencia de las personas que acompañan al adoptante ya sea un individuo u organización, desempeña un papel crucial en la aceptación de una innovación.

Sobre este asunto, Orts (2015) explica que la adopción de una innovación no es un evento inmediato, por el contrario, es un proceso que se desarrolla con el tiempo y está conformado por una secuencia de pasos. En una línea similar, Urbizagástegui (2019) concuerda al afirmar que la elección de incorporar una innovación es una cuestión individual que se extiende a lo largo de un período prolongado, y que implica una serie de etapas que comprenden: el conocimiento, la persuasión, la decisión, la implementación y, finalmente, la confirmación.

Teoría unificada de la aceptación y uso de la tecnología (UTAUT)

La teoría unificada de la aceptación y uso de la tecnología (UTAUT) integra las contribuciones de teorías y modelos previos relacionados con la adopción de tecnologías de la información, con el fin de explicar la intención del usuario de emplear la tecnología y su comportamiento subsiguiente. Incluye cuatro elementos clave: expectativas de desempeño, esfuerzo percibido, influencia social y condiciones facilitadoras (Avila, 2019). A su vez, estos factores son influenciados por variables como género, edad, experiencia y disposición para su uso (Cartagena & Chumpitaz, 2020).

Este modelo integra o consolidada ocho teorías distintas, entre las cuales se encuentran la TRA, el TAM, el Modelo Motivacional (MM), la TPB, una fusión entre la TPB y el TAM (C-TPB-TAM), el Modelo de Utilización de la Computadora Portátil (MPCU), la IDT y la Teoría Social Cognitiva (SCT) (Palma et al., 2019).

El factor denominado como expectativa de desempeño se refiere al nivel en el que un individuo percibe que el uso del sistema mejorará su desempeño laboral; en segundo lugar, la expectativa de esfuerzo se relaciona con el grado de simplicidad en la utilización del sistema. En cuanto a la influencia social, se trata de cómo un individuo percibe que otras personas relevantes para él consideran que debe emplear el nuevo sistema; por último, las condiciones facilitadoras hacen referencia al nivel en el que un individuo cree que existe una infraestructura organizacional y técnica para respaldar su uso del sistema (Alonso, 2016; Ortega, 2017).

Reflexiones finales en torno a las teorías

Según Sánchez y Arroyo (2016), así como Fortes y Rita (2016), la teoría más ampliamente utilizada en la investigación del comercio electrónico es el TAM, que pronostica la intención de una conducta basándose en la actitud del individuo. De manera similar, Ha y Stoel (2009) respaldan la solidez del TAM para explicar el comportamiento de los consumidores al comprar por internet. A través de sus investigaciones, concluyen que la utilidad percibida es el predictor más poderoso en la determinación del comportamiento relacionado con las compras electrónicas.

Jones et al. (2016) expresan que existen investigaciones que exploran los elementos que influyen en la adopción del comercio electrónico desde diversas perspectivas teóricas. Sin embargo, no hay un consenso definitivo sobre cuál de estas perspectivas interpreta de manera más precisa los procesos de adopción. Por lo tanto, respaldan la opinión de algunos autores que sugieren que, para lograr una comprensión más precisa del comportamiento de compra en línea, es más apropiado integrar múltiples teorías.

En resumen, con base en la revisión de literatura, se puede concluir que el TAM muestra una mayor eficacia predictiva en la adopción de las compras en línea en comparación con la TPB. Sin embargo, el TPB ofrece una comprensión más completa de los factores que influyen en este comportamiento, lo que lo hace más adecuada cuando el objetivo de la investigación es examinar las causas subyacentes de la aceptación en lugar de predecir si esta ocurrirá o no.

Mediante el examen de las diferentes teorías y diversas investigaciones sobre los factores que influyen en el comercio electrónico, se organizó de manera sistemática todos los factores potenciales que podrían influir en la intención de compra en línea, con sus hipótesis correspondientes.

RESUMEN SOBRE FACTORES QUE INFLUYEN EN LA INTENCIÓN DE COMPRA EN LÍNEA

Utilidad percibida

Previo a efectuar una compra, los consumidores llevan a cabo la búsqueda y recopilación de información, la cual posteriormente es comparada para tomar la elección más adecuada. Esta acción es denominada "búsqueda de esfuerzo" y se refiere fundamentalmente al esfuerzo invertido en la búsqueda de información.

Siguiendo las ideas planteadas por Chiu et al. (2019), el entorno en línea brinda un exceso de información de fácil alcance, lo cual lleva a los usuarios a percibir que el costo asociado con la búsqueda de información es inferior en línea en comparación con fuera de la red.

Rohm y Swaminathan (2004) plantean que la búsqueda de variedad es un factor relevante, especialmente debido a que los canales de compra proporcionan a los consumidores mayores opciones y facilidad de acceso. En sus investigaciones, encontraron que la búsqueda de variedad y conveniencia emergieron como factores motivadores significativos en las compras en línea. Al respecto, Rodríguez y Herrero (2008) identifican cinco aspectos de utilidad en las compras por internet: ventajas en términos de precio, diversidad en la oferta, valor de la oferta, comodidad y acceso a información.

Desde la perspectiva de la calidad, Montazemi y Qahri-Saremi (2015) demostraron que la calidad de la información ejerce una influencia significativa en la percepción de utilidad, impulsando así la intención de los usuarios de seguir adoptando el servicio. Según Villa et al. (2015) los compradores utilitarios emplean sus procesos cognitivos para llevar a cabo la adquisición, buscando economizar tiempo y esfuerzo.

En otro enfoque, Rodríguez y Herrero (2008) reconocen tres atributos significativos en los usuarios de internet: el beneficio en términos de precio, la facilidad en el proceso de compra y la disponibilidad de información. En contraposición, sus resultados demuestran que la percepción de utilidad en el comercio electrónico no se ve impactada por la diversidad de opciones ni por la excelencia y valor de los productos disponibles a través del canal.

Siguiendo las afirmaciones de Zubirán y López (2009) la utilidad percibida se refiere a la mayor rapidez, menor coste, mayor practicidad y eficacia, y a la utilidad misma. Representa el grado de sencillez que los clientes experimentan al utilizar el sitio web (Lai & Wang, 2012). Por su parte, Yadav y Mahara (2017) sostienen que este concepto engloba la contribución del comercio electrónico a la mejora del desempeño y la eficacia en la adquisición de productos.

Un enfoque semejante se observa en Rehman et al. (2019), Chen y Tsai (2019), al igual que Bleize y Antheunis (2019) quienes señalan que es la percepción de los usuarios sobre cómo el uso de la tecnología potenciará sus actividades, y cómo la compra de productos en un entorno virtual contribuirá a desempeñarse mejor.

La tabla 9 muestra una síntesis de la utilidad percibida y los conceptos o elementos considerados en función de distintos enfoques de los autores.

Tabla 9. Constructos de la utilidad percibida

Constructo	Autores	Teorías	Variables asumidas
Utilidad percibida	Herrero et al. (2006)	TAM TPB	Utilidad percibida
	Herrero y Rodríguez (2008)	TAM	Utilidad percibida
	Zubirán y López (2009)	TAM IDT	Percepción de la utilidad
	Lai y Wang (2012)	TAM	Utilidad percibida
	Gong et al. (2013)	TRA	Utilidad percibida
	Montazemi y Qahri-Saremi (2015)	IDT	Utilidad percibida
	Fortes y Rita (2016)	TAM TPB	Utilidad percibida
	Muda et al. (2016)	TAM	Utilidad percibida
	Dachyar y Banjarnahor (2017)	TAM	Utilidad percibida
	Eckert et al. (2017)	TAM TPB	Utilidad percibida
	Filierie et al. (2018)	DPT	Utilidad de la revisión
	Gurrola (2018)	TPB	Ahorro de tiempo
	Chiu et al. (2019)	TPB	Costos de búsqueda Motivación de la búsqueda
	Ha et al. (2019)	TAM TPB	Utilidad percibida
	Othman et al. (2019)	TAM TPB	Utilidad percibida
	Rehman et al. (2019)	TAM TPB	Utilidad percibida
	Zhang et al. (2019)	TAM	Utilidad percibida

A pesar de la variedad de interpretaciones vinculadas con la utilidad percibida, en el contexto de esta investigación, se define como la apreciación de los usuarios de internet respecto a las ventajas y ganancias derivadas de la utilización del comercio electrónico, tales como la gama de productos, la economía de tiempo, la disponibilidad de ofertas y promociones, y la facilidad de uso.

Dado lo anterior, se plantea la siguiente hipótesis:

Hipótesis 1 (H1): Existe una correlación positiva entre la utilidad percibida y la intención de compra en línea. Si un consumidor percibe que las compras en línea ofrecen ventajas en la búsqueda del producto, esto impacta en la formación de la intención de compra.

Facilidad de uso percibida

Conforme a las observaciones de Zubirán y López (2009) se refiere a la facilidad de comprensión del sistema, la claridad en su funcionamiento, su flexibilidad y la facilidad de manejo. Esto se ve influenciado por el diseño del sitio, la rapidez de carga, la accesibilidad de la información y la sencillez de uso (Lai & Wang, 2012).

En el enfoque de Sánchez y Arroyo (2016), lo reducen a las expectativas de esfuerzo. No obstante, según la perspectiva de Dachyar y Banjarnahor (2017) se describe como la experiencia del usuario al operar un sitio web de forma fluida y sin dificultad. Tanto Yadav y Mahara (2017) como Chen y Tsai (2019) coinciden en que refleja el nivel de complejidad en el uso de cualquier sistema.

Bleize y Antheunis (2019) consideran que se refiere a las creencias de los usuarios sobre si los beneficios de comprar productos en línea superan los esfuerzos requeridos para hacerlo. Ha et al. (2019) son muy específicos al afirmar que es el grado en que el usuario percibe que no necesita realizar ningún esfuerzo para efectuar compras a través de internet. Además, denota la facilidad para buscar artículos (Rehman et al., 2019).

La tabla 10 exhibe una síntesis de la percepción de la facilidad de uso y los conceptos o elementos considerados en función de distintas perspectivas de los autores.

Tabla 10. Constructos de la facilidad de uso percibida

Constructo	Autores	Teorías	Variables asumidas
Facilidad de uso percibida	Rodríguez y Herrero (2008)	TAM	Proceso de compra
	Lai y Wang (2012)	TAM	Facilidad de uso percibida
	Fortes y Rita (2016)	TAM TPB	Facilidad de uso
	Lim et al. (2016)	TAM TPB	Facilidad de uso
	Sánchez y Arroyo (2016)	UTAUT	Brecha digital
	Dachyar y Banjarnahor (2017)	TAM	Facilidad de uso
	Gurrola (2018)	TPB	Facilidad de uso
	Ha et al. (2019)	TAM TPB	Facilidad de uso percibida
	Othman et al. (2019)	TAM TPB	Facilidad de uso
	Rehman et al. (2019)	TAM TPB	Facilidad de uso percibida
	Zhang et al. (2019)	TAM	Facilidad de uso percibida

Para efectos de este estudio, se define la facilidad de uso percibida como la comodidad en la operación y navegación en el sitio de compras, así como la simplicidad del procedimiento de adquisición en plataformas web o aplicaciones móviles destinadas a las compras en línea.

Con base en lo anterior, se plantea la siguiente hipótesis:

Hipótesis 2 (H2): Existe una conexión positiva entre la facilidad de uso percibida y la intención de compra en línea. A medida que los usuarios perciban que la experiencia de comprar en internet es sencilla, su disposición para efectuar una compra en el futuro aumentará.

Aspectos sociodemográficos

Jiménez y Martín (2007), manifiestan que los internautas se ajustan a un perfil específico que se define mediante variables sociodemográficas (edad, género, nivel educativo y ocupación) y psicográficas (personalidad, estilo de vida, intereses y aficiones) como la actitud hacia nuevas tecnologías. Gong et al. (2013) aseguran que factores como la edad, los ingresos, la educación y el estado civil de los consumidores, además de su percepción de utilidad, desempeñan un papel significativo como predictores de la intención de compra en línea.

Gong et al. (2013) agrupan este constructo en género, edad, nivel educativo, nivel de ingresos y el estado civil. Por otro lado, según Chen y Tsai (2019) esta dimensión abarca las características personales de los individuos como la edad y el género, y también incorpora la ocupación.

La tabla 11 ofrece una síntesis del factor aspectos sociodemográficos y las construcciones o variables consideradas de acuerdo con las diversas perspectivas de los autores.

Tabla 11. Constructos de la facilidad de uso percibida

Constructo	Autores	Teoría	Variables asumidas
Aspectos sociodemográficos	Gong et al. (2013)	TRA	Aspectos sociodemográficos

Para efectos de este estudio se entienden por aspectos sociodemográficos a las características personales de los usuarios del comercio electrónico, tales como: edad, nivel educativo, ingresos, estado civil, género, ocupación, estilo de vida, intereses, personalidad y pasatiempos.

Dado lo anterior se formulan las siguientes hipótesis:

Hipótesis 3 (H3): La participación de los consumidores en el comercio electrónico fluctúa en función de la edad, el género, los ingresos y el nivel educativo.

Hipótesis 4 (H4): Las personas de mayor edad tienden a participar significativamente en menor medida en el comercio electrónico.

Hipótesis 5 (H5): La participación en el comercio electrónico experimenta variaciones en función del nivel de ingresos y de educación.

Confianza percibida

En sus resultados, Calvo-Porral et al. (2013) respaldan el impacto favorable del valor de la marca en la intención de compra. Afirman que los compradores configuran sus percepciones sobre una marca mediante la acumulación de conocimiento y experiencia relacionados con la misma.

Padrón et al. (2014) sostienen que el obstáculo que inhibe el desarrollo pleno del comercio electrónico radica en la falta de confianza y seguridad que los clientes perciben. Debido al frecuente abuso de la información confidencial del cliente, este se muestra reacio a proporcionar sus datos personales en línea. Indican que una forma de abordar esta situación implica ofrecer garantías de seguridad en los pagos, así como una experiencia de usuario sencilla y amigable, plazos de entrega puntuales y un servicio postventa constante.

De manera similar, Muda et al. (2016) indican que una mayor confianza percibida en los vendedores en línea influye positivamente en la propensión a realizar compras en línea. Sostienen que la reputación que los vendedores ostentan tiene un efecto positivo y considerable en la inclinación de los consumidores hacia la adopción de las compras en línea; de esta manera, los vendedores que construyen una reputación sólida logran atraer un mayor tráfico a sus plataformas de comercio electrónico. El cumplimiento de las promesas relacionadas con la entrega de pedidos y la disponibilidad de productos resulta fundamental para cultivar la confianza (Peñalosa et al., 2018).

En lo que concierne a la dimensión de la calidad, Eckert et al. (2017) confirmaron que cuando los usuarios tienen la percepción de que el contenido del sitio web está compuesto por información de excelencia, tienden a considerar que el sitio es merecedor de su confianza.

Con relación a este tema, Dachyar y Banjarnahor (2017) instan a fortalecer la confianza de los clientes mediante la mejora del contenido en sus plataformas web, la ampliación de información sobre los productos y la optimización del servicio al cliente. La confianza funciona como una garantía de que la tienda en línea cumplirá con sus compromisos, se comportará de manera adecuada y brindará atención a sus clientes.

La conexión entre seguridad y confianza percibida es abordada por Mendoza (2018). Para fomentar la percepción de confianza, resulta fundamental la sensación de seguridad que los individuos experimenten al llevar a cabo transacciones en línea. En consecuencia, la seguridad percibida se considera como un factor previo que influye en la confianza.

La confianza percibida guarda relación con la susceptibilidad de los consumidores. Según la perspectiva de Fortes y Rita (2016) la confianza percibida se define como la creencia o la anticipación del cliente de que el vendedor no aprovechará su vulnerabilidad. En el ámbito de las compras en línea, la confianza se refiere a la disposición del comprador a confiar en el vendedor, especialmente en situaciones donde la actividad coloca al consumidor en una posición de fragilidad (Muda et al., 2016).

Otras consideraciones vinculadas a la confianza percibida abordan diferentes aspectos, como lo expone Ha et al. (2019) al referirse a la voluntad de participar en transacciones en línea con la expectativa de un comportamiento favorable, así como la disposición a afrontar posibles consecuencias inesperadas debido a la conducta de terceros (Othman et al., 2019). Además, se incluye la familiaridad previa con la marca o empresa a través de canales convencionales (Jiménez & Martín, 2007).

La tabla 12 muestra un resumen del factor confianza percibida, así como los constructos o variables considerados de acuerdo con las distintas perspectivas de los autores.

Tabla 12. Constructos de la facilidad de uso percibida

Constructo	Autores	Teorías	Variables asumidas
Confianza percibida	Jiménez y Martín (2007)	IDT	Confianza Seguridad
	Herrero y Rodríguez (2008)	TAM	Información
	Zubirán y López (2009)	TAM IDT	Seguridad
	Montazemi y Qahri-Saremi (2015)	IDT	Calidad de la información
	Fortes y Rita (2016)	TAM TPB	Confianza percibida
	Lim et al. (2016)	TAM TPB	Calidad de la información
	Muda et al. (2016)	TAM	Confianza percibida Reputación percibida del proveedor
	Dachyar y Banjarnahor (2017)	TAM	Confianza percibida Reputación del vendedor
	Eckert et al. (2017)	TAM TPB	Calidad del sitio web Seguridad del sitio Confianza percibida
	Filierie et al. (2018)	DPT	Calidad de la información percibida
	Gurrola (2018)	TPB	Calidad del sitio web
	Peñalosa et al. (2018)	TAM TPB	Cumplimiento Privacidad
	Azuela et al. (2019)	TAM	Confianza Percepción Experiencia
	Ha et al. (2019)	TAM TPB	Confianza
	Nuseir (2019)	TPB	e-WOM
	Othman et al. (2019)	TAM TPB	Confianza Seguridad

Se considera la confianza percibida como la expectativa de seguridad al efectuar compras a través de internet, la cual se ve influenciada por elementos como la reputación del vendedor, la calidad del sitio web y la seguridad del sitio.

Dado lo anterior se formula la siguiente hipótesis:

> Hipótesis 6 (H6): La confianza tiene una relación positiva con la intención de compra en línea. Si los clientes perciben que las aplicaciones digitales, plataformas en línea y sitios web son confiables, esto contribuirá a fortalecer la credibilidad y a aumentar la intención de compra.

Riesgo percibido

Según Kim et al. (2008) el riesgo percibido se refiere a la creencia del consumidor en posibles resultados negativos de una transacción en línea. Fortes y Rita (2016) destacan de manera explícita que este concepto involucra la incertidumbre que sienten los consumidores acerca de sufrir pérdidas al adquirir un producto o servicio. De manera similar, Dachyar y Banjarnahor (2017) lo definen como la sensación de inseguridad que los clientes experimentan frente a los posibles resultados de una compra.

En la tabla 13 se exhibe un resumen del factor percepción de riesgo y las construcciones o variables consideradas de acuerdo con las diversas perspectivas de los autores.

Tabla 13. Constructos de riesgo percibido

Constructo	Autores	Teorías	Variables asumidas
Riesgo percibido	Jiménez y Martín (2007)	IDT	Riesgo percibido
	Fortes y Rita (2016)	TAM TPB	Riesgo percibido
	Dachyar y Banjarnahor (2017)	TAM	Riesgo
	Azuela et al. (2019)	TAM	Riesgo percibido
	Zhang et al. (2019)	TAM	Riesgo de privacidad percibido

Se considera el riesgo percibido como la incertidumbre o posible resultado negativo de los internautas al realizar compras en línea.

Dado lo anterior se formula la siguiente hipótesis:

> H7: El riesgo percibido influye en la intención de compra en línea. La sensación de inseguridad que los clientes experimentan frente a

los posibles resultados de una compra tiene un impacto negativo en la intención de realizar compras en línea.

Norma subjetiva

Herrero y Rodríguez (2008) encontraron evidencia de que la influencia de terceros desempeña un papel significativo en la toma de decisiones de compras en línea. De manera similar, Jiménez y Martín (2007) concuerdan en que la influencia de otras personas desempeña un papel fundamental en este contexto. Además, Venkatesh et al. (2012) sugieren que la influencia social, junto con factores como género, edad y experiencia, juega un papel crucial en la explicación de los motivos detrás del uso del comercio electrónico en la sociedad.

Los consumidores tienden a escuchar recomendaciones verbales de familiares y parientes cercanos, amigos o incluso medios de comunicación, antes de tomar una decisión de compra. Al respecto Lim et al. (2016) descubrieron que la norma subjetiva tiene un impacto significativo en la intención de compra.

De acuerdo con Filierie et al. (2018) las reseñas de los consumidores en línea (OCR) tienen un impacto en las percepciones de los consumidores. Los usuarios pueden ser influenciados cuando tienen dudas acerca de un producto que están considerando comprar. De manera similar, Nuseir (2019) menciona que el boca en boca electrónico (e-WOM) iene una influencia significativa en la intención de compra en línea y la percepción de la reputación de la marca.

Khan et al. (2018) incluyen en la norma subjetiva las opiniones y experiencias de productos compartidos por otros consumidores o expertos a través de una plataforma en línea. Según Othman et al. (2019) los consumidores utilizan el comercio social como una fuente para adquirir información y opiniones antes de proceder a la fase de compra de un producto.

Sánchez y Arroyo (2016) señalan que, en muchos casos, los autores no suelen considerar la evaluación de la influencia social en el contexto del comercio electrónico. Sin embargo, la influencia social sí tiene un impacto en la intención de compra, y esta influencia surge cuando los compradores en línea participan en comunidades virtuales para compartir sus experiencias de compra. La norma subjetiva se refiere a la influencia ejercida por factores sociales. Otros investigadores también consideran la influencia de elementos externos, como la familia, amigos y conocidos (Rehman et al., 2019).

En la tabla 14 se proporciona un resumen del factor norma subjetiva y las construcciones o variables asumidas según las distintas perspectivas de los autores.

Tabla 14. Constructos de la norma subjetiva

Constructo	Autores	Teorías	Variables asumidas
Norma subjetiva	Jiménez y Martín (2007)	IDT	Influencia social
	Lim et al. (2016)	TAM TPB	Norma subjetiva
	Sánchez y Arroyo (2016)	UTAUT	Influencia social
	Khan et al. (2018)	TAM	Credibilidad del eWOM Impacto del eWOM
	Ha et al. (2019)	TAM TPB	Normas subjetivas
	Rehman et al. (2019)	TAM TPB	Actitud subjetiva Control conductual

Se considera norma subjetiva como la impresión individual del cliente acerca del comercio electrónico generada a partir de la influencia de su familia, colegas, pareja, amistades, las reseñas y recomendaciones de los compradores previos, así como la influencia del eWOM.

Dado lo anterior se formula la siguiente hipótesis:

> Hipótesis 8 (H8): La norma subjetiva, o la influencia social, está positivamente relacionada con la intención de realizar compras en línea. La disposición de los consumidores para llevar a cabo compras en línea no solo se basa en sus propias vivencias, sino también en las opiniones, comentarios y éxitos compartidos de otros consumidores.

Valor percibido

Pham et al. (2018) proporcionaron evidencia de que la facilidad en las transacciones contribuye a aumentar el valor percibido y la intención de recompra por parte del cliente. Paralelamente, Azuela et al. (2019) verificaron la influencia de experiencias anteriores en la frecuencia de compras en línea, y resaltaron la importancia de mejorar los servicios fuera de línea para potenciar la percepción, confianza y frecuencia de compras en el entorno en línea.

Beck y Crié (2018) aseguran que los consumidores tienen más probabilidades de comprar un producto cuando hay probadores virtuales (VFR) en un sitio web. Estas salas generan curiosidad en los consumidores por el producto y, en consecuencia, generan más probabilidades de que compre el producto en línea que en una tienda real.

Según la investigación realizada por Peñalosa et al. (2018) la rapidez en la entrega se erige como el factor preponderante que incide en la elección durante la compra en línea, en conjunto con la resolución efectiva de problemas. Por otro lado, Wen et al. (2019) identificaron que la frecuencia de compras, el enfoque en la utilidad, la conectividad instantánea y la facilidad de acceso tienen una influencia positiva en la intención de compra tanto en la población china como en la de Corea del sur.

De acuerdo con Zubirán y López (2009), el valor percibido está relacionado con el apego al estilo de vida, la compatibilidad con los hábitos de compra y las expectativas por parte del comprador. Mientras que Dachyar y Banjarnahor (2017) lo vinculan con el alcance de las ventajas obtenidas y Pham et al. (2018) con la impresión que recibe.

Othman et al. (2019) por otra parte, establece una combinación entre calidad, capacidad de respuesta, cumplimiento de la transacción, contacto con el vendedor y servicio postventa.

En la tabla 15 se proporciona un resumen del factor valor percibido, junto con los constructos o variables que son considerados según las distintas perspectivas de diversos autores.

Para efectos del presente estudio, se considera el valor percibido como el alcance de los beneficios o ventajas obtenidos por el usuario mediante el uso del comercio electrónico, como: apego al estilo de vida, hábitos de compra, percepción del comprador una vez efectuada la compra resultado de su experiencia en el sitio web (atención al cliente, capacidad de respuesta, cumplimiento de la empresa, contacto, garantías y devoluciones).

Tabla 15. Constructos del valor percibido

Constructo	Autores	Teorías	Variables asumidas
Valor percibido	Jiménez y Martín (2007)	IDT	Conveniencia
	Zubirán y López (2009)	TAM IDT	Compatibilidad
	Sánchez & Arroyo (2016)	UTAUT	Intención de uso
	Dachyar y Banjarnahor (2017)	TAM	Beneficios
	Peñalosa et al. (2018)	TAM TPB	Satisfacción
	Pham et al. (2018)	TAM	Valor percibido
	Othman et al. (2019)	TAM TPB	Disfrute de las compras Calidad percibida Valor percibido Conveniencia de la transacción
	Wen et al. (2019)	TPB	Frecuencia de compra Utilitarismo Conectividad instantánea Accesibilidad
	Zhang et al. (2019)		Disfrute percibido

Dado lo anterior se formula la siguiente hipótesis:

> Hipótesis 9 (H9): Existe una relación positiva entre el valor percibido y la intención de compra en línea. Cuando los clientes perciben que los beneficios, el disfrute, la accesibilidad y la conectividad instantánea que obtienen superan las ventajas de comprar en tiendas físicas, aumenta su intención de realizar compras en línea.

Sensibilidad al precio

La búsqueda de información no solo aumenta el conocimiento sobre el producto también influye en su sensibilidad al precio. Becerra et al. (2014) relacionan la sensibilidad al precio con la percepción del valor de un producto o servicio y su tolerancia al cambio. Chiu et al. (2019) con la tolerancia del consumidor al precio.

En la tabla 16 se presenta un resumen del factor sensibilidad al precio y los constructos o variables asumidas según los diversos criterios autorales.

Tabla 16. Constructos de la sensibilidad al precio

Constructo	Autores	Teorías	Variables asumidas
Sensibilidad al precio	Herrero y Rodríguez (2008)	TAM	Precio
	Chiu et al. (2019)	TPB	Sensibilidad al precio

Se considera la sensibilidad al precio como la respuesta del internauta a la variación de los niveles de precios disponibles en el comercio electrónico.

Dado lo anterior se formula la siguiente hipótesis:

> Hipótesis 10 (H10): Existe una relación positiva entre la sensibilidad al precio y la intención de compra en línea. La capacidad de comparar precios, aprovechar ofertas más atractivas y obtener mejores precios tiene un impacto en la decisión de compra en línea.

Basándose en la exploración de la literatura existente, se formula un marco conceptual que engloba los constructos y factores que determinan la intención de compra en línea en el en el entorno mexicano. Este marco establece los cimientos para la construcción de un modelo teórico de la intención de compra en línea.

Con base en los textos examinados y el enfoque adoptado para este estudio, se concluye que la investigación adopta un enfoque exploratorio y descriptivo, siendo de naturaleza documental informativa. El estudio se efectuó mediante el análisis documental de una variedad de textos relacionados con los factores que impactan en la intención de compra en línea.

El análisis de los factores que influyen en la intención de compra en línea surge en respuesta a la clara demanda presente en múltiples fuentes y registros estadísticos. Estos indican que el comercio electrónico emerge como una de las opciones más prometedoras para impulsar el crecimiento, la competitividad y los ingresos de las empresas. Por esta razón, el examen de la literatura posibilita el acceso a los detalles más destacados de este tópico, con la finalidad de reconocer las teorías principales, enfoques metodológicos y conceptos vinculados a la intención de comprar en línea. Esto permite delimitar el conocimiento actual sobre dicho objeto de estudio, así como identificar lo que ha sido valorado y lo que aún requiere investigación adicional, con el propósito de responder la pregunta de investigación planteada.

Se llevó a cabo un análisis exhaustivo del panorama actual que permitió adquirir una comprensión profunda de los conceptos y definiciones más significativos con relación al comercio electrónico, su dinámica y situación presente, el comportamiento de los consumidores, su conducta y las tendencias inmediatas.

Para la aproximación al modelo teórico de intención de compra en línea se ubicaron fuentes documentales como: libros, informes, registros estadísticos, artículos de investigación, artículos de divulgación y notas periodísticas. Se realizó, además, una búsqueda en diversas bases de datos, motores de búsqueda científicos y sitios web en internet tales como: Scopus, Google académico, Scielo, Ebsco y Dialnet, con el empleo de palabras de búsqueda: comercio electrónico, e-commerce, intención de compra, compra en línea, e-shopping, adopción del comercio electrónico, e-commerce growth. Se usaron operadores boleanos y opciones avanzadas de búsqueda.

Los resultados más destacados fueron registrados y detallados mediante un proceso de lectura y análisis crítico de artículos científicos. Esto implicó la creación de fichas bibliográficas y notas clave utilizando herramientas como el gestor de citas y referencias de Microsoft Word y Mendeley. Además, se elaboraron esquemas y mapas conceptuales para visualizar de manera organizada la información recopilada.

La fase de revisión de la literatura, análisis, lectura y redacción se describe a continuación:

- Resumir datos e información entorno al objeto de estudio.
- Identificar los elementos y atributos más adecuados con el propósito de abordar las interrogantes de investigación.
- Describir los conceptos y experiencias asociadas entre sí.
- Reconocer enfoques metodológicos viables para abordar el objeto de estudio y los propósitos de la investigación.
- Elaborar registros bibliográficos para explicar de manera exacta las variables de la investigación.
- Registrar datos e información relacionados con el tópico de diversas fuentes como: informes y/o documentos institucionales.
- Documentar el análisis y debate crítico para la elaboración de las conclusiones a partir de las coincidencias y contradicciones ubicadas en la literatura en torno al tema central de la investigación.
- Elaborar este reporte escrito de la investigación.

Para llevar a cabo el análisis documental de las fuentes identificadas, se empleó el método dialéctico de sistematización de información, que posibilita la síntesis teórica y la formulación de las hipótesis en el contexto de esta investigación. Mediante la metodología cualitativa, una vez que se seleccionaron adecuadamente varios artículos de investigación, se categorizaron, priorizando sus resultados, con el propósito de proporcionar respuestas sólidas a las interrogantes planteadas. A partir de este proceso, se logró esquematizar el modelo teórico de intención de compra en línea, como se presenta en la figura 7.

Figura 7. Modelo teórico de la intención de compra en línea

Teorías y factores			Salida
Teorías TAM, TPB, TRA, IDT, UTAUT ⇨	Dimensiones ⇨	Factores determinantes de la intención de compra en línea del cibernauta mexicano	Modelo teórico de la intención de compra en línea

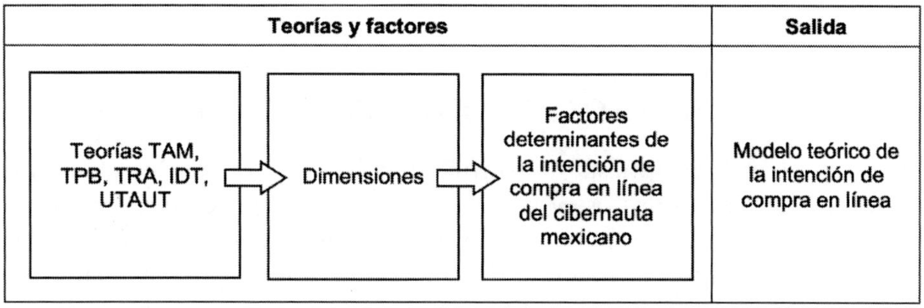

Basándose en una investigación rigurosa y detallada de las perspectivas teóricas, los conceptos adoptados y las teorías previamente examinadas en este estudio, y mediante la interpretación de la información obtenida a través de la comparación entre un ámbito de la realidad que ha sido ampliamente estudiado y otro que es menos conocido.

Posteriormente, con el propósito de enriquecer la validez del contenido, se llevó a cabo una actividad utilizando la técnica conocida como grupo de enfoque, tal como lo sugieren Hernández y Mendoza (2018). En esta actividad participaron seis expertos, quienes se reunieron para discutir y proponer los constructos y los factores que deberían ser considerados en cada uno de ellos, basándose en la sistematización teórica previamente realizada.

La técnica del grupo de enfoque se llevó a cabo mediante una sesión en la que se convocó a un grupo de participantes representativos de una determinada población. En esta sesión, se discutió acerca de un fenómeno o situación específica. Para llevar a cabo esta técnica, se tuvieron en consideración los elementos esenciales que la conforman según lo indicado por Zavaleta (2013). El moderador desempeñó el papel de dirigir la reunión, siguiendo un guion previamente preparado. El relator se encargó de tomar nota de la información proporcionada por los participantes durante el desarrollo de la sesión. Además, se garantizó la confidencialidad de los temas abordados durante la reunión.

Para elegir a los especialistas provenientes de universidades, instituciones y empresas, se aplicó el criterio de que fueran profesionales con experiencia en áreas como estrategias para planes comerciales en networking y ventas, consultoría en marketing digital, análisis de mercado, planificación de mercadotecnia y comercialización, gestión de relaciones con clientes, atención al cliente y calidad de servicios, desarrollo de plataformas web, creación de identidad e imagen corporativa en línea, posicionamiento de sitios web, marketing en línea, diseño de aplicaciones web y comercio electrónico.

CONSTRUCTOS Y SU OPERACIONALIZACIÓN

Basándose en la propuesta de los investigadores acerca de los elementos que impactan en la predisposición a comprar en línea, que emergieron como producto del proceso grupal en el grupo de enfoque, se llegó a un consenso para considerar todos estos elementos como constructos. Además, para cada uno de estos constructos, se identificaron los indicadores correspondientes, es decir, los elementos más específicos que permiten medir y evaluar cada aspecto.

La tabla 17 muestra los constructos que surgieron a partir de la colaboración grupal entre los participantes en el enfoque de grupo.

Tabla 17. Constructos relacionados con la intención de compra en línea

Constructos	Elementos
Aspectos sociodemográficos	Edad Estado civil Nivel de estudios Género Nivel de ingresos Ocupación Estilo de vida Intereses Personalidad y aficiones
Utilidad percibida	Costos accesibles Diversidad de la oferta Comodidad Rapidez del servicio Practicidad Acceso a ofertas y promociones Conveniencia de uso

Facilidad de uso percibida	Facilidad para operar el sitio de compras Complejidad del sistema de cobro Diversidad de medios de pago Diseño de la página o aplicación de compras Velocidad de descarga Grado de esfuerzo para realizar la compra
Confianza percibida	Calidad del sitio web o aplicación de compras Calidad y acceso a la información del producto Reputación de la marca o sitio de compras Medios de pago
Riesgo percibido	Incertidumbre al comprar en sitio desconocido Nivel de seguridad en el sitio de compras Reputación del portal de compras Periodo de entrega del producto Formas de pago
Norma subjetiva	Influencia familiar Influencia social Reseñas de compradores previos Recomendaciones de compradores previos Influencia del eWOM
Valor percibido	Contribución al estilo de vida Ventajas obtenidas por la compra Hábitos de compra Experiencia de compra Garantías Servicio postventa Atención al cliente
Sensibilidad al precio	Acceso a ofertas más atractivas Ofertas en productos o servicios Acceso a mejores precios Costos de envío accesibles Comparación de precios en diversos sitios web Diversidad de opciones y métodos de pago

En el anexo 1 se exhiben los indicadores (elementos) correspondientes a cada uno de los constructos, los cuales constituyen el punto inicial para el análisis del modelo teórico.

El esquema gráfico que ilustra las relaciones del modelo teórico de intención de compra en línea y que está preparado para ser validado, se muestra en la figura 8.

Figura 8. Diagrama causal del modelo teórico de intención de compra en línea del internauta mexicano

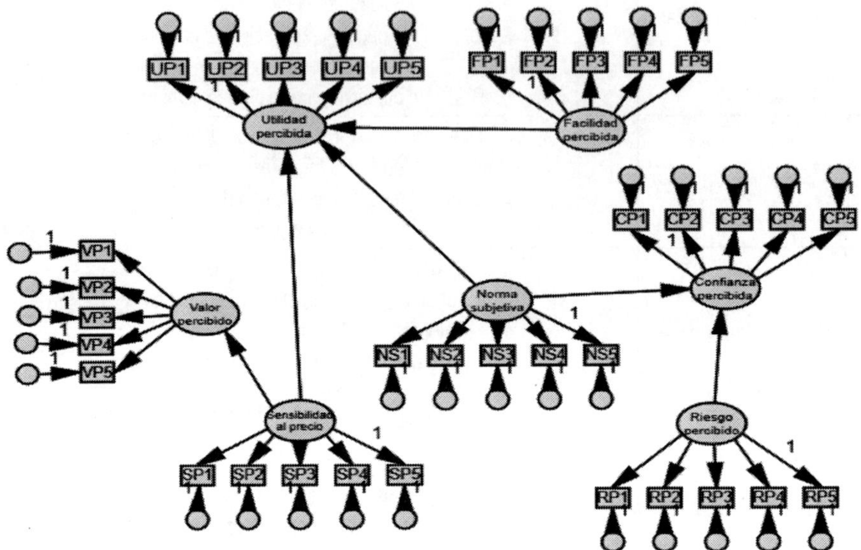

Capítulo IV.

TÉCNICAS PARA CONSTRUIR Y VALIDAR EL MODELO TEÓRICO DE INTENCIÓN DE COMPRA EN LÍNEA

La creación de un modelo teórico, en este contexto enfocado en la intención de compra en línea, tiene como objetivo verificar los factores que determinantes en este comportamiento. El propósito es adquirir conocimiento y comprensión sobre cómo estos factores pueden impulsar el comercio electrónico, así como identificar áreas de mejora para abordar los desafíos actuales y futuros. Sin embargo, es esencial llevar a cabo una validación empírica en el contexto específico de México.

Por lo tanto, es crucial desarrollar y validar el modelo teórico propuesto. En investigaciones de este tipo, es común recurrir al Análisis Factorial Exploratorio (AFE) y al Análisis Factorial Confirmatorio (AFC) como mencionado en trabajos previos (Haro, 2018; Peña et al., 2018), que representan fundamentos teóricos relevantes en este estudio. De cualquier modo, es esencial tener una comprensión clara de los criterios para emplear estas técnicas en modelos teóricos que incorporan variables latentes y donde los datos son recolectados a través de cuestionarios utilizando escalas de tipo Likert. Por lo tanto, es imperativo considerar recomendaciones, como las presentadas por Lloret et al. (2014) sobre este tema.

En primer lugar, se describe la relación entre ambas metodologías según las perspectivas de los autores citados y se establece cómo se deben emplear en el contexto de esta investigación. Luego, se procede a un análisis más detallado de cada una de estas técnicas, incluyendo las adaptaciones pertinentes para llevar a cabo el proceso de desarrollo y validación del modelo teórico propuesto.

El uso de AFE y AFC responde a los siguientes criterios:

- El AFE no habilita al investigador para establecer de manera definitiva qué elementos evalúan cada constructo ni las interconexiones presupuestas entre ellos, salvo la determinación de si existe alguna relación general entre los elementos. Su enfoque es exploratorio, ya que se limita a establecer el número de constructos esperados, sin detallar su estructura ni las asociaciones específicas que podrían existir entre los diversos factores.

- El AFE se emplea en situaciones en las cuales el entendimiento de la variable o constructo en estudio es limitado, y su función principal es descubrir los constructos subyacentes a las variables observables, además de identificar los patrones de interrelación entre las variables latentes.
- Por otro lado, el AFC se distingue por su capacidad para que el investigador establezca de antemano el número de factores esperados, determine qué elementos se relacionan con cada constructo y especifique las relaciones existentes entre los distintos constructos.
- Ambos enfoques se emplean para examinar la estructura factorial presente en una matriz de correlaciones, sin embargo, se diferencian en su propósito. El AFE se utiliza para desarrollar la teoría al identificar patrones implícitos en los datos, mientras que el AFC se emplea para confirmar la teoría preexistente. Cuando se posee un entendimiento sólido de las variables en estudio, el AFC permite poner a prueba la estructura hipotetizada, evaluando si el modelo propuesto se ajusta adecuadamente a los datos empíricos.

Lloret et al. (2014) reconocen dos tendencias en el uso de estas técnicas, la primera sugiere realizar un uso secuencial de ambas técnicas, en tanto el tamaño de la muestra sea adecuado. El segundo enfoque, considera al AFE y AFC como dos puntos en un continuo. Ferrando y Anguiano (2010) señalan, argumentando que su distinción no radica en su objetivo, sino en las restricciones que impone.

En el contexto de este estudio, se contempla la viabilidad de emplear ambas enfoques. Los componentes fundamentales de cada uno se exponen en las secciones siguientes.

ANÁLISIS FACTORIAL EXPLORATORIO

El proceso del análisis factorial exploratorio se desglosa en cuatro etapas: el cálculo de una matriz que capture la variabilidad conjunta de las variables, la determinación del número adecuado de factores a extraer, la rotación de la solución para mejorar su comprensión y la estimación de las puntuaciones individuales en las nuevas dimensiones (Hair et al., 1999).

El Análisis de Factores Exploratorio (AFE) se distingue por evaluar si el número de factores y las relaciones entre las variables que los constituyen se ajustan a lo que se espera según una teoría previamente establecida. En el contexto de esta investigación, el objetivo es examinar cómo concuerdan una serie de elementos (factores) con los conceptos creados en un modelo teórico. A pesar de haber realizado un análisis teórico minucioso, las variables subyacentes son susceptibles de ajustes a través del uso del AFE.

La premisa inicial del modelo teórico propuesto, de la cual se han obtenido los resultados preliminares, es que cada concepto se relaciona con un conjunto específico de factores que influyen en la intención de compra en línea (validez de contenido). Los constructos y elementos elegidos a través de la colaboración grupal del grupo de enfoque se detallan en el anexo 1.

Después de llevar a cabo el AFE siguiendo las etapas delineadas, es importante adherirse a la sugerencia de utilizar algunos estándares empíricos derivados de la fase de examen de elementos, tales como el índice de homogeneidad corregido (correlación ítem-total) y el coeficiente alfa.

También es apropiado tener en cuenta las últimas directrices para la aplicación de este método, especialmente en lo que respecta a variables de tipo Likert, respaldadas por Lloret et al. Lloret et al. (2014), quienes se apoyan en una investigación que abarca a varios expertos (tabla 18).

Tabla 18. Diseño, selección de elementos, tamaño y composición de la muestra en AFE

Tamaño y composición de la muestra	
Selección de los elementos	La utilización excesiva de elementos redundantes (aquellos que expresan conceptos similares con ligeras variaciones en su redacción). Estos elementos redundantes comparten una cantidad de variabilidad mayor que la que es directamente explicada por el factor subyacente. Además, parte de la variabilidad única en estos pares o grupos de elementos redundantes también es compartida. Cuando esto ocurre, pueden surgir factores subyacentes adicionales que son difíciles de identificar y explicar, especialmente después de la rotación de la solución inicial. Cuando se trabaja con elementos que requieren una respuesta a través de tres o más alternativas (como en el caso de las escalas tipo Likert), se sugiere que, para lograr una aproximación adecuada al supuesto de continuidad, se utilicen elementos con al menos cinco alternativas de respuesta y con distribuciones que sean aproximadamente normales. En caso de elementos con menos categorías de respuesta o con distribuciones no normales, es recomendable abordarlos considerando su naturaleza ordinal, empleando la matriz de correlaciones policórica (para elementos politómicos)
Número de elementos por factor	Por lo general, cuanto mayor sea el número de elementos que miden con exactitud un factor, mayor será la certeza en la presencia de dicho factor y más sólida será la solución factorial. Los análisis de los estudios examinados indican que se requiere un mínimo de 3 o 4 elementos por factor, solamente si se cuenta con al menos 200 casos.

<table>
<tr><td colspan="2">Idoneidad de la muestra</td></tr>
<tr><td>Tamaño de la muestra</td><td>Los enfoques convencionales basados en criterios como N/p (relación entre el número de personas y elementos) y las prácticas tradicionales, como tener 10 veces más sujetos que elementos, entre otras, se desalientan en su totalidad. En su lugar, se sugiere encarecidamente un tamaño de muestra de al menos 200 casos como mínimo, incluso en situaciones ideales con comunalidades altas y factores claramente definidos.</td></tr>
<tr><td colspan="2">Tipo de datos y matriz de asociación</td></tr>
<tr><td>Matriz input</td><td>Se aconseja realizar un análisis preliminar de las distribuciones de los elementos, y además se tiene la opción de emplear otro tipo de matrices de asociación si resulta pertinente, como la matriz policórica (para elementos politómicos).

Con relación a la naturaleza de los datos (matriz de entrada), se distinguen dos tipos: la matriz de correlación producto-momento y la matriz de correlación policórica (para escalas tipo Likert). Esta última se obtiene mediante estimaciones indirectas por medio de un proceso iterativo y, en general, muestra una mayor inestabilidad, lo cual implica que se requerirá una muestra más grande que en el caso de un AFE basado en correlaciones producto-momento para alcanzar el mismo nivel de precisión y estabilidad, si las demás condiciones se mantienen constantes.

Si la muestra es de tamaño reducido (200 sujetos) y las distribuciones son adecuadas, se recomienda realizar el análisis factorial en base a la matriz de correlación de Pearson.</td></tr>
<tr><td>Aproximación a la normalidad a variables politómicas</td><td>Distribuciones con coeficientes de asimetría y apuntamiento dentro del intervalo (-1,1) (Ferrando & Anguiano-Carrasco, 2010; Muthén & Kaplan, 1992). Por otro lado, algunos consideran valores aceptables en el intervalo (-1.5, 1.5)(Forero et al., 2009) e incluso el intervalo de [-2, 2] (Bandalos & Finney, 2019; Muthén & Kaplan, 1992).</td></tr>
<tr><td colspan="2">Adecuación de los datos al Análisis Factorial</td></tr>
<tr><td>Verificación del grado de adecuación de la matriz al análisis factorial</td><td>Mediante el cálculo de la medida KMO propuesta por Kaiser (1970), quien consideró una matriz con valores KMO por debajo de .50 como insatisfactoria; una puntuación mediocre si esos valores fluctuaban entre .60 y .69; y como óptima, solo si los valores eran iguales o superiores a .80.

Por otro lado, varios autores han sostenido que el primer umbral (.50) es suficiente como punto de corte (Costello & Osborne, 2005; Fergunson & Cox, 1993; Ferrando & Anguiano-Carrasco, 2010; Hair et al., 1999; Tabachnick & Fidell, 2001) No obstante, han propuesto elevar ese umbral a .70 e incluso .80.

A menos que la muestra sea pequeña (200 sujetos o menos), en cuyo caso las correlaciones policóricas podrían mostrar cierta inestabilidad y, por lo tanto, resultar menos aconsejables que las correlaciones de Pearson. En estas situaciones, se sugiere ser más flexible con las medidas de asimetría y apuntamiento, permitiendo valores más amplios (-2, 2). Si hay incertidumbre, el investigador tiene la opción de comparar las soluciones obtenidas utilizando ambas matrices y tomar una decisión informada sobre cuál es la solución óptima.

El tamaño de la muestra es un factor difícil de predecir, ya que dependerá de las propiedades psicométricas de los elementos y del tipo de matriz de asociación utilizada, ambos aspectos interrelacionados. Sin embargo, para asegurar una cierta confiabilidad al usar la matriz de correlaciones policóricas/tetracóricas, se recomienda no emplear muestras con menos de 300 sujetos. En el caso de la matriz de correlaciones de Pearson, se sugiere una muestra mínima de 200 casos.</td></tr>
</table>

Métodos apropiados de cálculo de factores	Los procedimientos de estimación de factores comúnmente recomendados son máxima verosimilitud (MV) y mínimos cuadrados ordinarios (MCO). Cuando se realiza el análisis utilizando la matriz de correlaciones policóricas, se sugiere emplear el método de mínimos cuadrados ordinarios (MCO) (Forero et al., 2009; Lee et al., 2012).
Determinación del número de factores a elegir	En cuanto al número de factores, una opción que debe evitarse con igual énfasis que el método de estimación por componentes principales (CP) es el criterio de Kaiser. Un investigador bien informado debe emplear varios métodos para tomar una decisión informada: debe retener únicamente aquellos factores comunes que sean "significativos" en términos de número de elementos (al menos 3-4), nivel de saturación (al menos .40) y relevancia de los elementos que los definen. Además, es crucial aplicar al menos un criterio objetivo adicional, aparte de los proporcionados por el análisis factorial exploratorio convencional, tales como scree test, GFI o RSMR, RMSEA, o incluso un análisis factorial exploratorio utilizando modelos de ecuaciones estructurales (MEE). Cuando la relación entre el número de elementos y factores es limitada y la muestra consta de 200 casos o más, uno de estos criterios objetivos adicionales podría ser un análisis paralelo o el método de prueba mínima promedio (MAP). Con todas estas consideraciones en mente, se recomienda el siguiente enfoque: 1) obtener los resultados del ajuste del modelo con el número de factores estimado inicialmente, 2) evaluar el ajuste de otros modelos que puedan ser razonables después del análisis inicial y 3) comparar y tomar una decisión. Cabe destacar que el uso del criterio de porcentaje de varianza explicada se desaconseja expresamente debido a su propensión a generar confusión.
Rotación de factores y criterio de asignación de elementos a los factores utilizados	Es recomendable aplicar rotación oblicua de manera consistente, independientemente del modelo teórico en el que se base el análisis (ya sea de factores independientes o relacionados). Las razones son las siguientes: 1. La mayoría de los fenómenos estudiados en las disciplinas sociales y de la salud exhiben interrelaciones entre sí, por lo que encontrar una perfecta ortogonalidad entre factores es un desafío. En consecuencia, forzar una solución factorial ortogonal puede alejarse de la realidad. 2. Si el constructo en estudio verdaderamente posee una estructura de factores independientes, esta ortogonalidad se reflejará en los resultados. Al emplear una aproximación oblicua que permite correlaciones entre factores, se obtendrán correlaciones bajas entre los mismos. 3. En caso de que las correlaciones entre factores sean consistentemente bajas (por debajo de .30 o .20), se sugiere llevar a cabo un nuevo análisis utilizando una solución factorial ortogonal. En resumen, el investigador puede poner a prueba diversas soluciones factoriales aplicando diferentes criterios de rotación. Con base en los resultados obtenidos, seleccionar el criterio de rotación que brinde la solución factorial más concisa e informativa, teniendo en cuenta la simplicidad y la capacidad explicativa de los factores.

Criterio de asignación de los elementos a los factores	La práctica más frecuente es mantener las saturaciones que superen el umbral de .30 o .40 (Bandalos & Finney, 2019; Guadagnoli & Velicer, 1988). Tabachnick y Fidell (Tabachnick & Fidell, 2001) sugieren que una regla general adecuada para la saturación mínima a considerar podría ser .32, lo que equivale aproximadamente al 10 % de la varianza explicada. Varios autores establecen el punto de corte en .40 como el mínimo (MacCallum et al., 1999; Velicer & Fava, 1998; Williams et al., 2010) y recomiendan aumentar este umbral a medida que la muestra sea menor a 300 casos. También se sugiere que la diferencia entre las saturaciones en los dos primeros factores sea de .50/.20 o .60/.20 (es decir, una discrepancia de .30-.40). Algunos estudios utilizan incluso la discrepancia .60/.40 (Henson & Roberts, 2006; Park et al., 2002). En caso de que los elementos no cumplan con los criterios establecidos, es recomendable someterlos a un análisis exhaustivo tanto desde una perspectiva sustantiva como metodológica. Esto permitirá identificar posibles causas de su bajo rendimiento y disfunción.

ANÁLISIS FACTORIAL CONFIRMATORIO

El modelo de ecuaciones estructurales (SEM) se presenta como una herramienta adecuada para los objetivos planteados en esta investigación. La elección de esta técnica de análisis estructural se justifica por las siguientes fundamentos (Hair et al., 1999):

Implica la necesidad de tomar decisiones anticipadas basadas en consideraciones teóricas con relación a las variables sujetas a análisis o constructos pertinentes. En este contexto, se refiere a los factores que influyen en la intención de compra en línea de los internautas, así como los indicadores correspondientes (elementos) que facilitan su medición debido a su naturaleza explicativa.

I. Brinda al investigador la capacidad de adaptar y definir las conexiones causales entre las variables examinadas. En este contexto, se parte de la premisa de que existe una relación entre los constructos y sus respectivos elementos: aspectos sociodemográficos (ASDem), utilidad percibida (UtPerc), facilidad percibida (FacPerc), confianza percibida (ConPerc), riesgo percibido (RiesPerc), norma subjetiva (NorSubj), valor percibido (ValPerc), sensibilidad al precio (SenPrec). El análisis de estas relaciones no se realiza con el propósito de verificar relaciones de causa y efecto, sino más bien con la intención de simplificar el estudio de las conexiones entre las variables de interés, establecer direcciones lógicas y evaluar la intensidad de dichas asociaciones para deducir recomendaciones (Reyes, 2021).

Dado que la relación temporal entre los constructos y sus indicadores respectivos es complicada de establecer y las variables que actúan como causas necesitan una secuencia temporal definida para considerar una relación causal, se presupone que, en este análisis, lo fundamental es el tipo y la dirección de las relaciones que se configuran.

II. Facilita el análisis de variables cualitativas no cuantificables que se pueden medir ni observar directamente (factores o constructos de intención de compra en línea), posibilitando así la medición de conceptos abstractos a través de variables latentes.
III. Estima las interdependencias cuantitativas, directas, indirectas y totales, entre las variables e indicadores analizados. Proporciona coeficientes que muestran el peso de los efectos que se proponen en el modelo teórico, lo que permitirá determinar cuáles factores de intención de compra, con sus correspondientes elementos, son más explicativos dentro del modelo. Siguiendo a Kline (2010), los coeficientes estandarizados con valor absoluto menor que 0.1 denotan un efecto mínimo, los valores absolutos cercanos a 0.3 sugieren un efecto moderado, y los valores absolutos iguales o superiores a 0.5 indican efectos significativos.
IV. Ofrece un enfoque directo para abordar simultáneamente múltiples relaciones entre variables asociadas, asegurando eficacia estadística Se puede trabajar simultáneamente con todos los factores de intención de compra en línea a partir de las relaciones e interrelaciones directas previstas en el modelo teórico.
V. Ofrece una estrategia eficaz para la transición desde un análisis factorial exploratorio a uno confirmatorio. El investigador especifica un modelo y SEM se utiliza para evaluar su significación estadística y aunque no se "prueba" el modelo, se confirma que es uno de los varios modelos posibles aceptables (Hair et al., 1999). De esta forma se pueden confirmar las relaciones que en esta investigación son asumidas a partir del modelo teórico y se puede ratificar que el modelo propuesto puede ser aceptable.

Una característica distintiva de este enfoque es su capacidad para simultáneamente evaluar múltiples relaciones entre variables. Se considera una extensión de otras técnicas multivariadas como el análisis de regresión múltiple y el análisis factorial, utilizando tanto variables observables o manifiestas (parte medible del modelo) como variables latentes, factores o constructos (parte estructural del modelo). Las variables latentes se refieren a aquellas cuyos registros de datos pueden generar dudas o que no son directamente observables ni medibles de manera directa.

La utilización de variables latentes diferencia al SEM de la técnica de análisis de trayectorias (path analysis), que combina la teoría de la regresión múltiple con la teoría causal y establece un ordenamiento de las variables que representa una estructura de relaciones causa-efecto. Mediante la regresión múltiple, se identifican las influencias directas e indirectas que cada variable ejerce sobre las demás, de acuerdo con el orden causal establecido.

Existen varios programas de estimación en entorno gráfico, como LISREL (Jöreskog & Sörbom, 1986) o AMOS (Arbuckle, 1997), los que han jugado un importante papel en el desarrollo y aplicación de estos modelos, cuya estimación resulta más compleja que otros modelos multivariantes como la regresión o el análisis factorial.

Conforme a la perspectiva de Hair et al. (1999), se presentan siete pasos esenciales para la construcción de esta técnica, los cuales se deben abordar de manera iterativa hasta obtener un ajuste óptimo del modelo con relación a la estrategia seleccionada, y que serán aplicados en el presente estudio:

I. Elaborar un modelo con bases teóricas sólidas.
II. Generar un diagrama que ilustre las secuencias de relaciones causales.
III. Transformar el diagrama de secuencia en un conjunto de modelos y relaciones estructurales.
IV. Elegir la matriz de entrada y llevar a cabo la estimación del modelo propuesto.
V. Evaluar la identificación del modelo.
VI. Valorar los criterios de calidad de ajuste.
VII. Interpretar los resultados y considerar posibles ajustes al modelo original propuesto.

Desde el punto de vista del fundamento teórico analizado, la experiencia previa de los que suscriben el documento y los objetivos de este trabajo, en esta investigación se proponen el modelo medible intención de compra en línea con variables observadas a través de encuestas.

Modelo medible de intención de compra en línea con variables observadas a través de encuestas

La base inicial del Análisis de Ecuaciones Estructurales (SEM) implica establecer una fundamentación teórica para la definición de las interconexiones de dependencia. Esto conlleva a un conjunto ordenado de conexiones entre diversas variables que brindan una explicación exhaustiva y coherente del fenómeno bajo estudio, en consonancia con los objetivos establecidos.

El modelo propuesto permite dar respuesta a la siguiente interrogante: ¿Cuáles son los factores que determinan la intención de compra en línea del internauta mexicano?

El modelo es de tipo estructural en que las variables dependientes (latentes) son los factores (constructos) que influyen en la intención de compra en línea: aspectos sociodemográficos (ASDem), utilidad percibida (UtPerc), confianza percibida (ConPerc), riesgo percibido (RiesPerc), norma subjetiva (NorSubj), valor percibido (ValPerc), sensibilidad al precio (SenPrec).

Aspectos sociodemográficos: incluye las características personales de los usuarios del comercio electrónico, edad, nivel educativo, ingresos, estado civil, género, ocupación, estilo de vida, intereses, personalidad y pasatiempos. La participación de los consumidores en el comercio fluctúa en función de la edad, el género, los ingresos y el nivel educativo.

Las personas de mayor edad tienden a participar significativamente en menor medida en el comercio electrónico. Estos aspectos sociodemográficos también ejercen influencia sobre los otros factores contemplados en el modelo teórico.

Utilidad percibida: la apreciación de los usuarios de internet respecto a las ventajas y ganancias derivadas de la utilización del comercio electrónico, tales como la gama de productos, la economía de tiempo, la disponibilidad de ofertas y promociones, y la facilidad de uso. La percepción de utilidad en una correlación positiva entre la apreciación de utilidad y la intención de compra en línea.

Si un consumidor percibe que las adquisiciones en línea ofrecen ventajas en la búsqueda del producto, ya sea mediante la obtención de información más detallada y precios más favorables, esto impacta en la formación de la intención de compra.

Facilidad de uso percibida: se entiende como la comodidad en la operación y navegación en el sitio de compras, así como la simplicidad del procedimiento de adquisición en plataformas web o aplicaciones móviles destinadas a las compras en línea.

Existe una conexión positiva entre la facilidad de uso percepción y la intención de compra en línea. Esto sugiere que a medida que los usuarios perciban que la experiencia de comprar en internet es sencilla, su disposición para efectuar una compra en el futuro aumentará.

Confianza percibida: la expectativa de seguridad al efectuar compras a través de internet, la cual se ve influenciada por elementos como la reputación del vendedor, la calidad del sitio web y la seguridad del sitio. La confianza o credibilidad tienen una relación positiva con la intención de compra en línea.

Si los clientes perciben que las aplicaciones digitales, plataformas en línea y sitios web son confiables, y que la información proporcionada es precisa, relevante, comprensible y entregada de manera oportuna, esto contribuirá a fortalecer la credibilidad y la confianza, y, por ende, a aumentar la intención de compra.

Riesgo percibido: se concibe como la incertidumbre o posible resultado negativo de los internautas al realizar compras en línea. El riesgo percibido influye en la intención de compra en línea.

La sensación de inseguridad que los clientes experimentan frente a los posibles resultados de una compra tiene un impacto negativo en la intención de realizar compras en línea.

Norma subjetiva: consiste en la impresión individual del cliente acerca del comercio electrónico generada a partir de la influencia de su familia, colegas, pareja, amistades, las reseñas y recomendaciones de los compradores previos, así como la influencia del eWOM. La norma subjetiva, o la influencia social, está positivamente relacionada con la intención de realizar compras en línea.

La disposición de los consumidores para llevar a cabo compras en línea no solo se basa en sus propias vivencias, sino también en las opiniones, comentarios y éxitos compartidos de otros consumidores. A su vez, la norma subjetiva influye en la utilidad percibida y en la confianza percibida.

Valor percibido: es el alcance de los beneficios o ventajas obtenidos por el usuario mediante el uso del comercio electrónico, como: apego al estilo de vida, hábitos de compra, percepción del comprador una vez efectuada la compra y experiencia en el sitio web (atención al cliente, capacidad de respuesta, cumplimiento de la empresa, contacto, garantías y devoluciones). Existe una relación positiva entre el valor percibido y la intención de compra en línea.

Cuando los clientes perciben que los beneficios, el disfrute, la accesibilidad y la conectividad instantánea que obtienen a través de la compra en línea superan las ventajas de comprar en tiendas físicas, aumenta su intención de realizar compras en línea.

Sensibilidad al precio: es la respuesta del internauta a la variación de los niveles de precios disponibles en el comercio electrónico. Existe una relación positiva entre la sensibilidad al precio y la intención de compra en línea.

La capacidad de comparar precios, aprovechar ofertas más atractivas y obtener mejores precios tiene un impacto en la decisión de compra en línea. A su vez, la sensibilidad al precio influye en el valor y la utilidad percibida.

Los resultados actuales y los esperados una vez que se realice la validación del modelo de intención de compra en línea del internauta mexicano se resumen en:

1. Proporcionar información altamente valiosa a los participantes en el comercio electrónico en México con el fin de comprender y analizar cómo ciertos factores pueden actuar como impulsores de la intención de compra en línea, además de identificar posibles oportunidades de mejora para abordar los desafíos actuales.
2. Mejorar la comprensión del comportamiento de compra de los consumidores por parte de las empresas, lo que les permitirá establecer relaciones duraderas. Las empresas deben estar más preparadas para satisfacer las demandas de sus clientes actuales y futuros, además de tomar decisiones más informadas en términos de la calidad y promoción de productos y servicios.
3. Recopilar datos que podrían contribuir a abordar cuestiones como la comprensión de los hábitos de compra de los consumidores, sus perfiles sociodemográficos y los elementos que podrían obstaculizar su disposición a comprar.

Conclusiones

Mediante la exploración de los límites del conocimiento existente, es posible formular un modelo teórico que combina investigaciones sobre comercio electrónico con varios modelos y teorías que poseen una alta capacidad predictiva para comprender la adopción del uso de internet. Estos enfoques pueden ser pertinentes para analizar la intención de compra de los usuarios en línea en el contexto específico de México.

El modelo teórico presentado se erige como una herramienta destinada a evaluar el nivel de aceptación del comercio electrónico en México, tanto entre la población que utiliza internet como entre aquella que no lo hace, basándose en la robustez de las hipótesis formuladas.

El propósito de esta investigación es abordar la carencia de información en la literatura relativa al comercio electrónico en México. En primer término, busca identificar diversas perspectivas con relación a la intención de compra, y, en segundo lugar, desarrollar un modelo teórico que sustenta un conjunto de factores que influyen en la intención de compra en línea de los internautas.

Se sostiene que tanto el Análisis Factorial Exploratorio (AFE) como el Análisis Factorial Confirmatorio (AFC) son dos enfoques que se ajustan a los objetivos de esta investigación, ya que resultan adecuados para corroborar las relaciones hipotetizadas en el modelo teórico propuesto.

Referencias

AIMX. (2018). *Mapa de rutas accionables de comercio electrónico en México.* https://irp-cdn.multiscreensite.com/81280eda/files/uploaded/Mapa de Ruta de Accionables de Comercio Electrónico en México 2018.pdf

Alonso, D. (2016). *Trabajo social y tecnología: aceptación y uso entre profesionales en formación* [Tesis doctoral]. Universidad Complutense de Madrid.

AMVO. (2022). *Estudio de Venta Online en México 2022.*

AMVO. (2023). *Estudio sobre Venta Online en México 2023.* https://www.amvo.org.mx/estudios/estudio-sobre-venta-online-en-mexico-2023/

Arbuckle, J. L. (1997). *Amos user's guide. Versión 3.6.* SmallWaters Corporation.

Ávila, L. F. (2019). Comercialización de productos mediante el uso de herramientas de comercio electrónico y su incidencia en las pymes del sector textil de Atuntaqui provincia de Imbabura. *Repositorio Dspace,* 1–27.

Azuela, J., Ochoa, M., & Ayub, J. (2019). Segmentación del comprador online en México: un estudio con base en la frecuencia de compra electrónica. *Ciencia Ergo-sum, 2*(26), 1–13.

Baby, A., & Kannammal, A. (2020). Network Path Analysis for developing an enhanced TAM model: A user-centric e-learning perspective. *Computers in Human Behavior, 107.*

Bandalos, D., & Finney, S. (2019). Factor Analysis: Exploratory and Confirmatory. In *Reviewer's guide to quantitative methods* (Second Edi, pp. 98–112). Routledge.

Becerra, J., Garcés, S., Fierro, D., Mejía, D., Espinosa, C., Mora, H., & Terreros, J. (2014). *El efecto del valor capital de marca en la sensibilidad de precio del consumidor.* Universidad ECESI.

Beck, M., & Crié, D. (2018). I virtually try it … I want it! Virtual Fitting Room: A tool to increase on-line and off-line exploratory behavior, patronage, and purchase intentions. *Journal of Retailing and Consumer Services, 40,* 279–286.

Beltrán, A. (2016). *El comercio electrónico en las MIPYMES comerciales de Tepic, Nayarit.* Universidad Autónoma de Nayarit.

Beneke, J., Sousa, S., Mbuyu, M., & Wickham, B. (2016). La intención de compra representa la probabilidad de que una persona adquiera un producto en particular en función de la interacción entre las necesidades, la actitud y la percepción del cliente hacia el producto o la marca. *The International Review of Retail, Distribution and Consumer Research, 26*, 171–201.

Bleize, D., & Antheunis, M. (2019). Factors influencing purchase intent in virtual worlds: A review of the literature. *Journal of Marketing Communications, 4*(20), 403–420.

Bojorquez, M., & Valdez, O. (2017). El comercio electrónico como estrategia de internacionalización de las PYMES. *Revista de Investigación En Tecnologías de La Información: RITI, 10*(5), 110–115. https://dialnet.unirioja.es/servlet/articulo?codigo=7107421

Calvo-Porral, C., Martínez, V. A., & Juanatey-Boga, O. (2013). Análisis de dos modelos de ecuaciones estructurales alternativos para medir la intención de compra. *Revista Investigación Operacional, 34*(3), 230–243.

Cartagena, M., & Chumpitaz, L. (2020). Creencias epistemológicas de estudiantes de secundaria en la aceptación y uso de facebook. *Revista Iberoamericana Sobre Calidad, Eficacia y Cambio En Educación, 2*(18), 35–55.

CEPAL, & CAF. (2020). *Las oportunidades de la digitalización en América Latina frente al COVID-19.*

Chan, G., Cheung, C., Kwong, T., Limayem, M., & Zhu, L. (2003). Online consumer behavior: a review and agenda for future research. *Bled EConference,* 194–218.

Chen, C., & Tsai, J. (2019). Determinants of behavioral intention to use the Personalized Location-based Mobile Tourism Application: An empirical study by integrating TAM with ISSM. *Future Generation Computer Systems, 16,* 628–638. https://doi.org/https://doi.org/10.1016/j.future.2017.02.028

Chiu, C., Wang, E., Fang, Y., & Huang, H. (2012). Understanding customers' repeat purchase intentions in B2C e⊠commerce: the roles of utilitarian value, hedonic value, and perceived risk. *Information Systems Journal, 24*(1), 85–114.

Chiu, Y., Lo, S., Hsieh, A., & Hwang, Y. (2019). Exploring why people spend more time shopping online than in offline stores. *Computers in Human Behavior, 95,* 24–30. https://doi.org/10.1016/j.chb.2019.01.029

Chu, C., & Lu, H. (2007). Factors influencing online music purchase intention in Taiwan an empirical study based on the value-intention framework.

internet Research: Electronic Networking Applications and Policy, 17, 139–155. https://doi.org/10.1108/10662240710737004

Cisneros, E. (2016). *E-COMMERCE.* Editorial Macro.

Comisión Económica Para América Latina y el Caribe. (2021). Recuperación Económica tras la pandemia COVID-19. Empoderar a América Latina y el Caribe para un mejor aprovechamiento del comercio electrónico y digital. Naciones Unidas, Konrad-Adenauer-Stiftung e.V y Banco Interamericano de Desarrollo. https://repositorio.cepal.org/server/api/core/bitstreams/53a0ee7d-4368-4dce-8aaf-0b815888949b/content

Costello, A., & Osborne, J. (2005). Best practices in exploratory factor analysis: four recommendations for getting the most from your analysis. *Practical Assessment Research & Evaluation, 10*(7), 1–9.

Dachyar, M., & Banjarnahor, L. (2017). Factors influencing purchase intention towards consumer-to-consumer e-commerce. *Intangible Capital, 13*(5), 946–966.

Deloitte. (2016). *El Buen Fin 2016 y la experiencia para los consumidores.* https://www2.deloitte.com/mx/es/pages/consumer-business/articles/el-buen-fin-mexico-2016.html

Eckert, A., Dal Bó, G., Sperandio Milan, G., & Eberle, L. (2017). E-commerce: privacidade, segurança e qualidade das informaçõescomo preditores da confiança. *Revista Pensamento Contemporâneo Em Administração, 5*(11), 49–69.

Encina, M. A. (2018). *Adopción del comercio electrónico en micro, pequeñas y medianas empresas de Bahía Blanca, Argentina: un análisis exploratorio* [Tesis de Maestría]. Universidad Tecnológica Nacional.

Endeavor México. (2018). *Perspectivas del e-commerce en México. Insight E commerce: La Economía Digital y el Inicio de una Nueva Era.* https://www.amvo.org.mx/insight-ecommerce

Escobar-Rodríguez, T., & Bonsón-Fernández, R. (2014). Analyzing online purchase intention in Spain: fashion e-commerce. *Information Systems and E-Business Management, 15,* 1–24. https://doi.org/10.1007/s10257-016-0319-6

FAO, & CEPAL. (2020). *Sistemas alimentarios y COVID-19 en América Latina y el Caribe: La oportunidad de la transformación digital.* https://doi.org/https://doi.org/10.4060/ca9508es

Fergunson, E., & Cox, T. (1993). *Exploratory Factor Analysis: A Users' Guide. 1*(2), 84–94. https://doi.org/https://doi.org/10.1111/j.1468-2389.1993.tb00092.x

Fernández, A. (2016). *Factores determinantes para la elaboración de un modelo de éxito de la empresa en el medio digital* [Tesis Doctoral, Universidad de Extremadura]. http://dehesa.unex.es/handle/10662/5146

Fernández, A., Sánchez, M., Jiménez, H., & Hernández, R. (2015). La importancia de la innovación en el comercio electrónico. *Universia Business Review, 47*, 106–125.

Fernández, E., & Medina, J. (2002). *Comercio electrónico.* Editorial McGraw-Hill.

Ferrando, P. J., & Anguiano-Carrasco, C. (2010). El análisis factorial como técnica de investigación en psicología. *Papeles Del Psicólogo, 31*(1), 18–33.

Filierie, R., McLeay, F., Tsui, B., & Lin, Z. (2018). Consumer perceptions of information helpfulness and determinants of purchase intention in online consumer reviews of services. *Information and Management, 55*, 956–970. https://doi.org/https://doi.org/10.1016/j.im.2018.04.010

Forero, C., Maydeu, A., & Pujol, D. (2009). Factor Analysis with Ordinal Indicators: A Monte Carlo Study Comparing DWLS and ULS Estimation. *Structural Equation Modeling: A Multidisciplinary Journal, 16*(4), 625–641. https://doi.org/https://doi.org/10.1080/10705510903203573

Fortes, N., & Rita, P. (2016). Privacy concerns and online purchasing behavior: Towards an integrated model. *European Research on Management and Business Economics, 22*(3), 167–176. https://doi.org/https://doi.org/10.1016/j.iedeen.2016.04.002

Gariboldi, G. (1999). *Comercio electrónico: Conceptos y reflexiones básicas.* INTAL.

Gong, W., Stump, R., & Maddox, L. (2013). Factors influencing consumers' online shopping in China. *Journal of Asia Business Studies, 7*(3), 214–230.

González, C. (2016). *Adopción de la tecnología móvil por los vendedores y corredores de bienes raíces en Puerto Rico : una aplicación de la teoría unificada de aceptación y el uso de la tecnología (UTAUT) en las empresas.* Universidad de CEU-San Pablo.

Grönroos, C. (1994). *Marketing y gestión de servicios: la gestión de los momentos de la verdad y la competencia en los servicios.* Ediciones Díaz de Santos.

Guadagnoli, E., & Velicer, W. F. (1988). Relation of sample size to the stability of component patterns. *Psychological Bulletin, 2*(103), 265–275.

Guerrero, R., & Rivas, L. (2005). Comercio electrónico en México: propuesta de un modelo conceptual aplicado a las PyMEs. *Revista Internacional de Ciencias Sociales y Humanidades, SOCIOTAM, XV*(1), 79–116.

Gurrola, F. (2018). *Análisis de comportamiento del usuario en línea en las páginas de las dependencias gubernamentales en México.* Universidad Autónoma de Nuevo León.

Ha, N., Nguyen, T. L., Nguyen, T. P., & Nguyen, T. D. (2019). The effect of trust on consumers' online purchase intention: An integration of TAM and TPB. *Management Science Letters, 9,* 1451–1460. https://doi.org/10.5267/j.msl.2019.5.006

Ha, S., & Stoel, L. (2009). Consumer e-shopping acceptance: Antecedents in a technology acceptance model. *Journal of Business Research, 62*(5), 565–571.

Hair, J., Anderson, R., Tathan, R., & Black, W. (1999). *Análisis Multivariante.* Prenticehall.

Haro, E. A. (2018). *La Controlabilidad Percibida y su Influencia en el Comercio Electrónico* [Tesis de Maestría]. Universidad Católica de Santiago de Guayaquil.

Henson, R., & Roberts, J. (2006). Use of exploratory factor analysis in published research. Common errors and some comment on improved practice. *Educational and Psychological Measurement, 66*(3), 393–416.

Hernández-Sampieri, R., & Mendoza, C. P. (2018). *Metodología de la investigación* (7a Edición). McGraw-Hill.

Herrero, A., & Rodríguez del Bosque, I. (2008). The effect of innovativeness on the adoption of B2C e-commerce: A model based on the Theory of Planned Behavior. *Computers in Human Behavior, 24*(16), 2830–2847. https://doi.org/https://doi.org/10.1016/j.chb.2008.04.008

Herrero, A., Rodríguez del Bosque, I., & Trespalacios, J. (2006). La adopción del comercio electrónico B2C: una comparación empírica de dos modelos alternativos. *Revista Española de Investigación de Marketing ESIC, 10*(1), 69–91.

IAB México. (2016). *Mobile Commerce en México y en el mundo.*

INEGI. (2017). *Estadísticas a propósito del día mundial de internet.* https://www.inegi.org.mx/contenidos/saladeprensa/aproposito/2017/internet2017_Nal.pdf

INEGI. (2018). *Encuesta Nacional sobre Disponibilidad y Uso de Tecnologías de la Información en los Hogares 2017.* https://www.inegi.org.mx/contenidos/saladeprensa/boletines/2018/otrtemecon/endutih2018_02.pdf

INEGI. (2019). *Encuesta Nacional sobre Disponibilidad y Uso de Tecnologías de la Información en los Hogares (ENDUTIH) 2018.*

INEGI. (2020). *Encuesta Nacional sobre Disponibilidad y Uso de Tecnologías de la Información en los Hogares (ENDUTIH) 2019.* https://www.inegi.org.mx/contenidos/saladeprensa/boletines/2020/OtrTemEcon/ENDUTIH_2019.pdf

INEGI. (2021). *Encuesta Nacional sobre Disponibilidad y Uso de Tecnologías de la Información en los Hogares (ENDUTIH) 2020.* https://www.inegi.org.mx/contenidos/saladeprensa/boletines/2021/OtrTemEcon/ENDUTIH_2020.pdf

INEGI. (2022). *Encuesta Nacional sobre Disponibilidad y Uso de Tecnologías de la Información en los Hogares (ENDUTIH) 2021.* https://www.inegi.org.mx/contenidos/saladeprensa/boletines/2022/OtrTemEcon/ENDUTIH_21.pdf

INEGI. (2023a). *Encuesta Nacional sobre Disponibilidad y Uso de Tecnologías de la Información en los Hogares (ENDUTIH) 2022.* https://www.inegi.org.mx/app/saladeprensa/noticia.html?id=8264

INEGI. (2023b). *Valor Agregado Bruto del Comercio Electrónico.* Sistema de Cuentas Nacionales de México. https://www.inegi.org.mx/temas/vabcoel/#Informacion_general

Jiménez, J., & Martín, M. J. (2007). Indicadores y dimensiones que definen la actitud del consumidor hacia el uso del comercio electrónico. *Cuadernos de Economía y Dirección de La Empresa, 10*(31), 7–30.

Jones, C., Motta, J., & Alderete, M. (2016). Gestión estratégica de tecnologías de información y comunicación y adopción del comercio electrónico en Mipymes de Córdoba, Argentina. *Estudios Gerenciales, 32*(138), 4–13. https://doi.org/https://doi.org/10.1016/j.estger.2015.12.003

Jöreskog, K. G., & Sörbom, D. (1986). *LISREL VI: Analysis of linear structural relationships by maximum likelihood and least square methods.* Scientific software inc.

Kamalul, A., Mohan, T., & Goh, Y. (2018). Influence of consumers' perceived risk on consumers' online purchase intention. *Journal of Research in Interactive Marketing, 3*(12), 309–327.

Khan, S., Hussin, S., & Hamid, A. (2018). Direction for Future Research in eWOM: Issues of Credibility, Format, and Impact. *International Journal of Economic Research, 2*(15), 329–341.

Kim, D., Ferrin, D., & Rao, H. (2008). Trust and satisfaction, two steppingstones for successful e-commerce relationships: a longitudinal exploration. *Information Systems Research, 2*(20), 237–257.

Kline, R. (2010). *Principles and practice of structural equation modeling* (Third Edit). Guilford Publications.

Kotler, P., & Armstrong, G. (2013). *Fundamentos de marketing* (Decimoprim). Pearson Educación.

Lai, E., & Wang, Z. (2012). An Empirical Research on Factors Affecting Customer Purchasing Behavior Tendency during Online Shopping. *IEEE International Conference on Computer Science and Automation Engineering*, 583–586. https://doi.org/10.1109/ICSESS.2012.6269534

Laudon, K. (2009). *¿Qué es el comercio electrónico? En e-commerce: negocios, tecnología, sociedad.* Pearson Educación.

Lee, C., Zhang, G., & Edwards, M. (2012). Ordinary least squares estimation of parameters in exploratory factor analysis with ordinal data. *Multivariate Behavioral Research, 47*, 314–339. https://doi.org/10.1080/00273171.2012.658340

Lim, Y., Osman, A., Salahuddin, S., Romle, A., & Abdullah, S. (2016). Factors Influencing Online Shopping Behavior: The Mediating Role of Purchase Intention. *Procedia Economics and Finance, 35*, 401–410. https://doi.org/https://doi.org/10.1016/S2212-5671(16)00050-2

Lloret, S., Ferreres, A., Hernández, A., & Tomás, I. (2014). El análisis factorial exploratorio de los ítems: una guía práctica, revisada y actualizada. *Anales de Psicología, 30*(3), 1151–1169. https://doi.org/http://dx.doi.org/10.6018/analesps.30.3.199361

MacCallum, R., Widaman, K., Zhang, S., & Hong, S. (1999). Sample size in factor analysis. *Psychological Methods, 4*, 84–99.

Malca, O. (2001). *Comercio electrónico.* Universidad del Pacífico.

Mastrangelo, M. (2018). Aproximaciones al estudio del comportamiento de los productores agropecuarios en el Chaco Seco. *Ecología Austral, 28*(2), 325–479.

Mendoza, A. (2018). *Factores asociados a la intención de uso del comercio electrónico en Bogotá.*

Miranda, F. J., Rubio, S., Chamorro, A., & Correia, S. A. (2015). Determinantes de la intención de uso de Facebook en el proceso de decisión de compra. *Investigaciones Europeas de Dirección y Economía de La Empresa, 21*(1), 26–34. https://doi.org/https://doi.org/10.1016/j.iedee.2014.05.001

Molla, A., Berenguer, G., Gómez, M. A., & Quintanilla, I. (2006). *Comportamiento del consumidor.* Editorial UOC.

Montazemi, A., & Qahri-Saremi, H. (2015). Factors affecting adoption of online banking: A meta-analytic structural equation modeling study. *Information and Management, 52*(2), 210–226. https://doi.org/https://doi.org/10.1016/j.im.2014.11.002

Muda, M., Mohd, R., & Hassan, S. (2016). Online Purchase Behavior of Generation Y in Malaysia. *Procedia Economics and Finance, 37,* 292–298. https://doi.org/https://doi.org/10.1016/S2212-5671(16)30127-7

Munuera, J., & RodrÍguez, A. (2007). *Estrategias de marketing. Un enfoque basado en el proceso de dirección.* ESIC Editorial.

Muthén, B., & Kaplan, D. (1992). A comparison of some methodologies for the factor analysis of non-normal Likert variables. *British Journal of Math-Ematical and Statistical Psychology, 38,* 171–189. https://doi.org/https://doi.org/10.1111/j.2044-8317.1992.tb00975.x

Nuseir, M. (2019). The impact of electronic word of mouth (e-WOM) on the online purchase intention of consumers in the Islamic countries – a case of (UAE). *Journal of Islamic Marketing.*

OCDE. (2020). *Panorama de comercio electrónico: políticas, tendencias y modelos de negocios.*

OCDE, & BID. (2016). *Políticas de banda anchara para América Latina y el Caribe: un manual para la economía digital.* OECD Publishing.

OMC. (1998). *Programa de trabajo sobre el comercio electrónico.*

Orozco, D. (n.d.). *Comunicación personal.*

Organización para la Cooperación y Desarrollo Económicos. (2020). Panorama del Comercio Electrónico. Políticas, Tendencias y Modelos de Negocio. https://www.oecd.org/sti/Panorama-del-comercio-electro%CC%81nico.pdf

Ortega, L. F. (2017). *Evaluación de los factores de la predisposición en la aceptación tecnológica de los empleados en el sector público en Colombia* [Tesis Maestria]. Universidad Nacional de Colombia.

Orts, M. I. (2015). Utilización de la investigación y práctica basada en la evidencia. In *Práctica basada en la evidencia* (pp. 1–29). Elsevier España.

Othman, A., Hassan, L., Hamzah, M., Razali, A., Saim, M., Ramli, M., Osman, M., & Azhar, M. (2019). The Influence of Social Commerce Factors on Customer Intention to Purchase. *Asian Themes in Social Sciences Research, 3*(1), 1–10.

Padrón, E., Molina, V. M., & Méndez, A. (2014). Gestión e impacto del comercio electrónico en el rendimiento empresarial. *Revista Global de Negocios, 2*(3), 113–123.

Palma, J., Gonzalez, S., & Cortes, J. (2019). Sistemas de gestión del aprendizaje en dispositivos móviles: evidencia de aceptación en una universidad pública de México. *Innovación Educativa, 79*(19).

Park, H., Dailey, R., & Lemus, D. (2002). The Use of exploratory factor analysis and principal components analysis in communication research. *Human Communication Research, 4*(28), 562–577.

Peña, N. (2014). El valor percibido y la confianza como antecedentes de la intención de compra online: el caso colombiano. *Cuadernos de Administración, 30*(51), 15–24.

Peña, N., Charfuelán, M., & Rodríguez, A. (2018). *La adopción de las tiendas electrónicas en una economía emergente. Una aplicación del TAM.* Editorial CESA.

Peña, N., Gil, I., Rodriguez, A., & Siqueira, J. (2020). *Purchase intention and purchase behavior online: A cross-cultural approach. 6*(6). https://doi.org/https://doi.org/10.1016/j.heliyon.2020.e04284

Peñalosa, M., Ruiz, G., Juárez, B., & López, D. (2018). Factores de influencia en la lealtad del consumidor de servicios adquiridos a través de internet en México. *Caderno Profissional de Marketing, 6*(1), 119–128.

Pérez, J. R. (2020). *Factores determinantes en la creación de modelos de comercio electrónico, business to consumer (B2C)* [Tesis doctoral, Universidad a Distancia de Madrid]. https://udimundus.udima.es/handle/20.500.12226/533

Pham, Q., Tran, X., Misra, S., & Maskeliūnas, R. (2018). Relationship between Convenience, Perceived Value, and Repurchase Intention in Online Shopping in Vietnam. *Sustainability, 10*(1), 156–170. https://doi.org/https://doi.org/10.3390/su10010156

Reginfo, E. (2020). *Comercio electrónico, documento electrónico y seguridad jurídica.*

Rehman, S., Bhatti, A., Mohamed, R., & Ayoup, H. (2019). The moderating role of trust and commitment between consumer purchase intention and online shopping behavior in the context of Pakistan. *Journal of Global Entrepreneurship Research, 43*(9). https://doi.org/https://doi.org/10.1186/s40497-019-0166-2

Reyes, O. (2021). *Modernización de la gestión aduanera.* Tirant lo Blanch.

Reyes, O., Alvarado, A., & Deniz, A. (2022). El COVID-19 y su efecto en el comercio electrónico mundial: Un análisis de actualidad y tendencias. In *Perspectiva y Prospectiva del Derecho en el contexto de la pandemia SARS-Cov-2 (COVID-19)* (1 Edición, p. 216). Tirant lo Blanch.

Rodríguez del Bosque, I., & Herrero, A. (2008). Antecedentes de la utilidad percibida en la adopción del comercio electrónico entre particulares y empresas. *Cuadernos de Economía y Dirección de La Empresa, 11*(34), 107–134. https://doi.org/https://doi.org/10.1016/S1138-5758(08)70055-0

Rohm, A., & Swaminathan, V. (2004). A typology of online shoppers based on shopping motivations. *Journal of Business Research, 57*(7), 748–757. https://doi.org/https://doi.org/10.1016/S0148-2963(02)00351-X

Roy, M. (2017). *The Contribution of Services Trade Policies to Connectivity in the Context of Aid for Trade* (N° ERSD-2017-12). https://doi.org/https://dx.doi.org/10.2139/ssrn.3036946

Salas, M. I., Ábrego, D., & Mendoza, J. (2021). Intención, actitud y uso real del e-commerce. *Investigación Administrativa, 50*(127). https://doi.org/https://doi.org/10.35426/iav50n127.03

Sánchez, J., & Arroyo, F. (2016). Diferencias de la adopción del comercio electrónico entre países. *Suma de Negocios, 7*(16), 141–150. https://doi.org/https://doi.org/10.1016/j.sumneg.2016.02.008

Sánchez, L. D. (2015). *Comportamiento del consumidor en la búsqueda de información de precios on-line* [Tesis doctoral]. Universidad Autónoma de Madrid.

Shaouf, A., Lü, K., & Li, X. (2016). The effect of web advertising visual design on online purchase intention: An examination across gender. *Computers in Human Behavior, 60*, 622–634.

Statista. (2022). *Número de usuarios del comercio electrónico en México de 2017 a 2025.* https://es.statista.com/previsiones/1115072/mexico-numero-usuarios-comercio-electronico

Statista. (2023). *México: valor de mercado del comercio en línea 2017-2027.* https://es.statista.com/estadisticas/1323370/valor-de-mercado-del-comercio-en-linea-mexico/

Tabachnick, B., & Fidell, L. (2001). *Using multivariate statistics.* Allyn and Bacon.

Tavera, J. F., & Londoño, B. (2014). Factores determinantes de la aceptación tecnológica del e-commerce en países emergentes. *Revista Ciencias Estratégicas, 22*(31), 101–119.

Torres, E., & Padilla, G. (2013). *Medición de la intención de compra con base en un modelo de regresión logística de productos de consumo masivo.*

Urbizagastegui, R. (2019). El modelo de difusión de innovaciones de Rogers en la bibliometría mexicana. *Universidad Nacional de La Plata, 1*(9).

Velicer, W., & Fava, J. (1998). Effects of variable and subject sampling on factor pattern recovery. *Psychological Methods, 3*(2), 231–251.

Venkatesh, V., Thong, J., & Xu, X. (2012). Consumer Acceptance and Use of Information Technology: Extending the Unified Theory of Acceptance and Use of Technology. *MIS Quarterly, 36*(1), 157–178. https://doi.org/https://doi.org/10.2307/41410412

Ventre, I., & Kolbe, D. (2020). The Impact of Perceived Usefulness of Online Reviews, Trust, and Perceived Risk on Online Purchase Intention in Emerging Markets: A Mexican Perspective. *Journal of International Consumer Marketing, 32*(4), 287–299.

Villa, A. M., Ramírez, K. P., & Tavera, J. F. (2015). Antecedentes de la intención de uso de los sitios web de compras colectivas. *Revista EIA, 12*(24), 55–70.

We are social. (2023). *Digital 2023: global overview report.* https://datareportal.com/reports/digital-2023-global-overview-report

Wen, X., Yiran, L., & Yin, C. (2019). Factors Influencing Purchase Intention on Mobile Shopping Web Site in China and South Korea: An Empirical Study. *Tehni⊠ki Vjesnik, 2*(26), 495–502.

Williams, B., Brown, T., & Onsman, A. (2010). Exploratory factor analysis: A five-step guide for novices. *Australasian Journal of Paramedicine, 8*(3), 1–13.

Woodward, M. (2023). *Ecommerce statistics 2023.* https://www.searchlogistics.com/learn/statistics/ecommerce-statistics/#:~:text=Key%20Ecommerce%20Statistics,-Before%20we%20dive&text=%243.56%20trillion%20in%20online%20purchases,States%20and%20the%20United%20Kingdom

WTO. (2020). *E-commerce, trade, and the covid-19 pandemic.*

Yadav, R., & Mahara, T. (2017). An empirical study of consumers intention to purchase wooden handicraft items online: using extended technology acceptance model. *Global Business Review, 2*(20), 1–19.

Zavaleta, Y. (2013). *Los grupos focales como estrategia para recolectar información. Recuperado el 5 de septiembre de 2020.* https://doi.org/https://doi.org/10.33890/innova.v5.n3.2020.1401

Zhang, T., Cao, L., & Wang, W. Y. (2019). The Impact of Virtual Try-on Image Interaction Technology on Online Shoppers' Purchase Decision. *internet Research, 3*(29), 529–551.

Zubirán, R., & López, J. F. (2009). Factores críticos que determinan la intención de compra en línea en el comercio electrónico mexicano. *Innovaciones de Negocios, 6*(12), 237–256.

Zuluaga, P., Vargas, D., & Valencia, J. (2020). El comercio electrónico Business to Consumer y su adopción en el consumidor de la ciudad de Manizales - Colombia. *NOVUM, 1*(10), 10–24.

Leyes, Códigos y disposiciones administrativas

Ley del Impuesto al Valor Agregado [LIVA]. (1978). Ciudad de México.

Ley del Impuesto Sobre la Renta [LISR]. (2013). Ciudad de México.

Código Fiscal de la Federación [CodFisFed]. (1981). Ciudad de México.

Resolución Miscelánea Fiscal [RMF]. (2019). Ciudad de México.

Anexos

Anexo 1. Cuestionario

PRESENTACIÓN

Este cuestionario forma parte de la investigación denominada "Factores determinantes de la compra en línea del internauta mexicano" como instrumento de recolección de datos.

Por la relevancia de la indagatoria su participación es vital para el desarrollo y los resultados de la misma, así como invaluable, por lo que se le agradece enormemente el tiempo tomado para responder a este cuestionario y se hace gran énfasis sobre la confidencialidad de los datos que usted proporcione, expresando que el manejo de los datos es para fines estrictamente académicos, por lo que si tiene algún comentario o sugerencia, sienta la libertad de expresarla en la parte final de este instrumento.

INTRODUCCIÓN

El estudio de la intención de compra en línea del internauta en el contexto mexicano se sustenta en un constructo desarrollado por el investigador en el que se incluyen ocho dimensiones: **aspectos sociodemográficos**, **utilidad percibida, facilidad de uso percibida, confianza/credibilidad percibida, riesgo percibido, norma subjetiva, valor percibido** y **sensibilidad al precio.** Para conformar un modelo teórico se deben de emplear métodos exploratorios y confirmatorios que permitan determinar los factores determinantes de la intención de compra en línea del internauta mexicano.

El presente cuestionario que se somete a su valoración busca identificar los factores que son determinantes para que se realice una compra en línea.

Al inicio del cuestionario se hacen preguntas relacionadas con las características socio demográficas, lo que permitirá realizar análisis estadísticos más rigurosos.

En el resto de las preguntas o elementos el entrevistado deberá de responder en el recuadro a la pregunta formulada y deberá marcar con una **X** la opción que exprese su nivel de acuerdo y que asigna a cada factor usando una escala Likert de 1 a 5 (1 "Totalmente en desacuerdo" a 5 "Totalmente de acuerdo").

Aspectos sociodemográficos					
Seleccione su género	Hombre			Mujer	
Seleccione su rango de edad	20 a 25	26 a 30	31 a 35	36 a 40	Más de 40
Seleccione su estado civil	Soltero (a)	Casado (a)		Divorciado (a)	Otro
Seleccione su nivel de estudios	Primaria	Secundaria	Bachillerato	Licenciatura	Posgrado

Ocupación	Emplea-do	Profesional independiente (Abogado, médico, etc.)	Empresario (negocio propio)	Ama de casa	Estudiante
Seleccione su nivel de ingresos (mensual)	De $ 3000 a $ 5500	$ 3001 a $ 5500	De $ 5501 a $ 7500	De $ 7,501 a $ 9,000	Más de $ 9,000

Utilidad percibida					
Comprar en línea me permite encontrar una variedad de productos y servicios adecuados a mis necesidades.	5	4	3	2	1
Comprar en línea me permite ahorrar tiempo.	5	4	3	2	1
Comprar en línea me permite ahorrar dinero.	5	4	3	2	1
Comprar en línea me permite una transacción más rápida: en la compra, envío y pago.	5	4	3	2	1
Comprar en línea me permite mayor acceso a información y hacer comparaciones (precios, productos y servicios).	5	4	3	2	1
Facilidad de uso percibida					
Comprar en línea me hace más fácil poseer información completa acerca de los productos y servicios.	5	4	3	2	1
Las plataformas para adquirir productos y servicios en línea son fáciles de usar (por ejemplo, las aplicaciones o apps).	5	4	3	2	1
La interacción con los sitios web me es clara y fácil de entender.	5	4	3	2	1
El proceso de compra en los sitios web es intuitivo.	5	4	3	2	1
Encuentro fácilmente los productos que deseo comprar.	5	4	3	2	1
Comprar en línea me es sencillo.	5	4	3	2	1
Confianza/credibilidad percibida					
La información suministrada por las plataformas en línea me resulta relevante, entendible y entregada a tiempo.	5	4	3	2	1
Existe capacidad en las plataformas en línea para hacer transacciones de bienes y servicios de forma fiable y rápida.	5	4	3	2	1
Los proveedores cumplen las garantías de productos y las responsabilidades en las compras online.	5	4	3	2	1
Se ofrece un servicio de postventa constante.					
La reputación y la legitimidad de la marca a cargo del sitio web me genera confianza.	5	4	3	2	1
Riesgo percibido					
Las tiendas en línea están dispuestas a responder las necesidades de los clientes.	5	4	3	2	1
El servicio al cliente en las tiendas en línea está dispuesto a brindar ayuda.	5	4	3	2	1
Cuando hay algún problema, el sitio web muestra sincero interés en resolverlo.	5	4	3	2	1

Los productos adquiridos cumplen con las características descritas (color, tamaño, material, funciones, etc.) en el sitio web.	5	4	3	2	1
Norma subjetiva					
Las recomendaciones verbales de amigos, familiares y parientes me influyen para realizar compras en línea.	5	4	3	2	1
Las opiniones y experiencias de productos compartidos por otros consumidores me influyen para realizar compras en línea.	5	4	3	2	1
Las opiniones y experiencias de expertos a través de plataforma en línea me influyen para realizar compras en línea.	5	4	3	2	1
Las reseñas de compradores previos me influyen para realizar compras en línea.	5	4	3	2	1
Las opiniones positivas o negativas realizadas por consumidores (e-WOM) me influyen para realizar compras en línea.	5	4	3	2	1
La imagen de la marca me influye para realizar compras en línea.	5	4	3	2	1
Valor percibido					
Las compras en línea con tribuyen a mi estilo de vida.	5	4	3	2	1
Las compras en línea son compatibles con mis hábitos de consumo.	5	4	3	2	1
Al realizar compras en línea logro la satisfacción de mis expectativas.	5	4	3	2	1
Compra en línea me ofrece ventajas como disfrute, accesibilidad, conectividad instantánea.	5	4	3	2	1
La información disponible en las tiendas en línea satisface mis necesidades.	5	4	3	2	1
Comprar de productos en línea me permite obtener una mejor relación precio-calidad.	5	4	3	2	1
Sensibilidad al precio					
Comprar en línea me permite obtener mejores precios.	5	4	3	2	1
Comprar en línea me permite la comparación de precios.	5	4	3	2	1
Comprar en línea me permite aprovechar mejores ofertas.	5	4	3	2	1
Los sitios de compras en línea ofrecen costos razonables de envío.	5	4	3	2	1